Lösungen

zu dem

Zivilrechtspraktikum

herausgegeben von

Kammergerichtsrat **Dr. Richard Schück.**

Mit Genehmigung des Verfassers bearbeitet
nach dem Bürgerlichen Gesetzbuch für Studierende und Referendare

von

Heinrich von der Mosel,
Rechtsanwalt in Kötzschenbroda.

Zweite Auflage. Zweiter Band.

Berlin 1911.
J. Guttentag, Verlagsbuchhandlung,
G. m. b. H.

Vorwort
zum zweiten Band der zweiten Auflage.

Die günstige Aufnahme, die die 200 Lösungen der zweiten Auflage bei den Herren Studierenden, Referendaren und Rechtslehrern fand, gestattet, dem vielfach geäußerten Wunsche schon jetzt nachzukommen und über 160 weitere Lösungen zu veröffentlichen. Dies geschah in Form eines zweiten Bandes, indem einstweilen aus praktischen Gründen von der Zusammenfassung des Ganzen in einer dritten Auflage abgesehen wurde. Ich hoffe, daß es nicht zu nachteilig empfunden wird, wenn sich die Lösungen auf zwei Bände verteilen. Denn der Überblick dürfte trotzdem gewahrt bleiben, weil in den einzelnen Bänden die Reihenfolge der Bücher des BGB. nicht geändert ist. Vielleicht erscheint diese Form sogar handlicher und bequemer.

Auf vielseitigen Wunsch behandelte ich diesmal auch Lösungen zu Buch 4, 5 und zum Einführungsgesetz. Von Buch 4 und 5 wurden je über 20 Lösungen gegeben, vom Einführungsgesetz die ersten 8, die mir als die wichtigsten erschienen. Hierzu treten über 100 Lösungen von Buch 2. Dieser wichtigste Teil des BGB. schien mir noch nicht genügend behandelt, zumal hier Schück sehr reichhaltig ist. Damit dürften zugleich die anderen Bücher ergänzt werden. Im ganzen sind über 360 Lösungen vorhanden, also nahe an zwei Drittel des Ganzen.

Hervorheben möchte ich, daß auch bei den neuen Lösungen, wie bisher, nicht immer ausführliche Abhandlungen gegeben werden, sondern öfter nur Gesichtspunkte, manchmal nur Andeutungen. Dies erscheint für die Ausbildung vorteilhafter, insofern der Lernende die Schwierigkeiten zum Teil selbst finden muß. Die gelösten Fälle bedürfen also zum Teil noch genauer Erörterung.

Überhaupt ist der Tatbestand der Fälle so gehalten, daß ihr Studium besonders für angehende Juristen geeignet ist, insofern er meistens verschiedene Möglichkeiten offen läßt. Bestimmt gefaßte Fälle für Fortgeschrittenere mit ausführlicher Behandlung suchen meine „Examensfälle mit Lösungen" und zum Teil auch „Zivilprozeßfälle mit Lösungen" (Kötzschenbroda 1910, Selbstverlag, Vertrieb durch Felix Klinger, Bahnhofstraße 12) zu bieten, die bereits eine günstige Aufnahme fanden. Von beiden erschien zunächst das erste Heft.

Auskünfte über einzelne gelöste oder ungelöste Fälle werden unter Umständen erteilt, auch wird die Mitarbeit der Leser für die dritte Auflage gern entgegengenommen.

Kötzschenbroda, im Februar 1911.

Heinrich v. d. Mosel.

Zweites Buch. Recht der Schuldverhältnisse.

Weitere Lösungen.

Fall 218.

Zwischen B. und A. besteht ein Sachmietvertrag (§§ 535 f.), also ein zweiseitiger Vertrag. Wenn sich A. und B. verfeinden und B. dem A. die weitere Benutzung der Anstalt untersagt, so liegt darin seitens des B. eine verschuldete Nichterfüllung des Vertrags. B. konnte trotz der Feindschaft den Vertrag bis zum Ablauf des Abonnements des A. einhalten, daher kann man keinesfalls sagen, daß einer der Fälle der §§ 323 ff. vorliegt, in denen dem Schuldner die Leistung unmöglich wird. Es liegt also Verzug vor (§§ 286, 326). A. ist daher im Recht, wenn er Schadensersatz wegen Nichterfüllung fordert, und B. hat das auch eingesehen. Es fragt sich aber, in welcher Höhe dieser Schadensersatz beansprucht werden kann. Nach §§ 249 ff. ist der positive Schaden und der entgangene Gewinn zu ersetzen. Nach § 251 wird Geldersatz zu verlangen sein. Entschieden kann danach A. den Preis für das Abonnement abzüglich des Preises für die schon genommenen Bäder fordern. Dieser Abzug beträgt aber nicht den üblichen Preis von 20 Pf. für das Bad, denn dieser gilt nur für das Einzelbad. Der Abzug muß kleiner sein. Außerdem kann A. aber auch diejenigen 56 M. fordern, die er in der entfernter gelegenen Anstalt für das neue Abonnement hat mehr zahlen müssen. Auch kann A. auf Grund der §§ 249 ff. Ersatz für den Zeitverlust eventuell für das zur Ausgleichung des Zeitverlustes aufzuwendende Pferdebahngeld fordern.

Fall 219.

Indem A. mit B. übereinkommt, daß er, nämlich der A., zugunsten seines Freundes C. von B. ein Reitpferd von 1000 M. kauft, schließt er einen Vertrag zugunsten eines Dritten. Inwieweit der Dritte dadurch berechtigt wird, ist nach § 328 gänzlich Auslegungsfrage. Die Worte: „zugunsten seines Freundes C." sind zu wenig bezeichnend, als daß man daraus gemäß § 328 Abs. 2 darauf schließen könnte, daß B. unmittelbar gegen C. auf Abnahme des Pferdes klagen könne. Das müssen hier die Nebenumstände ergeben, die die Absicht der Parteien klarer erkennen lassen. Ebensowenig wie diese Frage läßt sich natürlich auch diejenige beantworten, wem nach der Übergabe des Pferdes an C. der Anspruch auf Wandlung zusteht, falls das Pferd einen Hauptmangel hat.

Es heißt hier eben, wie vielfach bei der Lösung von juristischen Fällen nicht einfach ja oder nein, sondern: Es kommt darauf an.

Fall 221.

Die Konstruktion des sog. Sammelvermögens hat Schwierigkeiten. Die Annahme einer Gesellschaft der Beitragenden hat vieles für sich, aber auch manches wider sich. Insbesondere ist es mit der Gesellschaftskonstruktion nicht leicht zu vereinbaren, daß der Pfleger nach § 1904 bestellt werden kann. Aber trotzdem ist ruhig eine Gesellschaft der Beitragenden — nicht des Komitees, wie manche meinen — anzunehmen. Die Mitglieder des Komitees erscheinen als Geschäftsführer (§ 710). Die Verwendung der Sammelgelder zu einem andern Zwecke, als wozu sie gesteuert sind, bedarf nach § 709 BGB. der Zustimmung aller Beitragenden, sie ist also hier nicht ohne weiteres statthaft. Berechtigt das aber den Gemeindevorstand zur Klage? Ich verneine das. In wessen Namen will er klagen? Es sind drei Möglichkeiten denkbar: 1. In eignem Namen? Dafür spricht die Aufgabe, dagegen die Vernunft. 2. Im Namen der von ihm gesetzlich vertretenen Gemeinde? Dagegen spricht die Erwägung, daß die Gelder nicht für diese juristische Person, sondern für die einzelnen von der Überschwemmung geschädigten physischen Personen bestimmt sind. 3. Im Namen der Geschädigten? Dazu fehlt ihm die Aktivlegitimation. Das Geld gehörte nicht ihm, dem Gemeindevorstand, auch nicht der Gemeinde, oder den Geschädigten, auch nicht dem Komitee, sondern der Gesellschaft der Beitragenden. Es bildet ihr Gesellschaftsvermögen. Gegen wen soll sich die Klage richten? Hier sind zwei Möglichkeiten vorhanden: a) gegen das Komitee; b) gegen die Gesamtheit der Beitragenden. Letztere werden schwer festzustellen sein (ungenannte Geber, Sammelbüchsen, Tellersammlungen). Meines Erachtens ist der Gemeindevorstand ohne weiteres abzuweisen, und zwar mag er klagen wie er will, er hat keinen Anspruch auf das Geld.

Es käme höchstens vielleicht in Frage, ob die Gemeinde vielleicht auf Grund von § 328 einen Anspruch auf Auszahlung der 10 000 M. gegen die Kreisstadt, vertreten durch das Komitee, erlangt, insofern ein Gesellschaftsvertrag zugunsten Dritter abgeschlossen wird. Vielleicht will Schück darauf hinaus.

Fall 222.

Wenn A. bei dem Fuhrherrn B. zur Fahrt von X. nach Y. einen Wagen gegen einen Fuhrlohn von 18 M. und ein dem Kutscher C. zu zahlendes Trinkgeld von 2 M. mietet, so liegt hier bezüglich des Kutschers ein Vertrag zugunsten eines Dritten im Sinne der §§ 328 ff. vor. Gefragt wird, ob C. unmittelbar gegen A. klagen kann. Die Lösung ergibt sich aus § 328 Abs. 2, danach ist aus den Umständen des Falles, insbesondere aus dem Zweck des Vertrages zu entnehmen, ob der Dritte das Recht erwerben soll usw. Da C. auf diese Trinkgelder angewiesen ist, würde ich das letztere annehmen.

Außer C. kann natürlich auch B. gegen A. auf Zahlung des Trinkgeldes klagen. Die Klage des Fuhrherrn B. gegen A. kann auch auf Zahlung an den Kutscher C. gehen.

Fall 223.

Die Parteien A. und B. haben bei Abschluß des Mietvertrages eine Konventionalstrafe im Sinne des § 339, insbesondere § 340 verabredet. Wenn B. am 1. April nicht einzieht, so kommt er damit ohne weiteres nicht in Verzug, sondern erst am 1. Juli, weil er nicht zum Einziehen, sondern nur zur Zahlung des Mietzinses verpflichtet ist und diese nach § 551 im Zweifel nachträglich erfolgt. B. scheint aber die Erfüllung ausdrücklich verweigert zu haben. Trotzdem kann er erst am 1. Juli in Verzug kommen. Er konnte ja seinen Beschluß bis dahin ändern, andererseits kann man dem A. nicht verdenken, daß er im Hinblick auf die zu erwartende Nichtzahlung weiter vermietet.

Indem A. die Wohnung unter gleichen Bedingungen an C. vermietet, erklärt er damit meines Erachtens nicht, daß er von der Erfüllung seitens des B. absehe. Er will sich nur decken, um die Klage gegen B. zu vermeiden. Es liegt also meines Erachtens kein Grund vor, weshalb A. infolge der Erfüllung durch C. die Strafe von B. nicht sollte fordern dürfen, allerdings erst Ende Juni. § 340 Abs. 1 Satz 2 sagt nun, daß wenn der Gläubiger dem Schuldner erklärt, daß er die Strafe verlange, der Anspruch auf Erfüllung ausgeschlossen ist. Eine solche Erklärung hat A., wie ich auf Grund der gestellten Frage annehmen will, abgegeben, die Aufgabe sagt aber nicht wann. Die Erklärung würde also erst für den 1. Juli wirken. Daß der Gläubiger durch einen anderen die Vorteile der Erfüllung noch erlangt, ist aber gleichgültig.

Dadurch macht zwar der Gläubiger einen Gewinn. Indessen liegt es im Sinne der §§ 337 ff., daß das an dem Verfall der Konventionalstrafe nichts ändert. Sie soll eben davon völlig unabhängig sein, indem sie verfällt, sobald Schuldner schuldhaft nicht erfüllt, also sobald als er in Verzug kommt. Daran ändert auch die Bestimmung des § 552 Satz 2 nichts, wonach sich der Vermieter unter den bezeichneten Voraussetzungen den Wert der ersparten Aufwendungen und derjenigen Vorteile anrechnen lassen muß, die er aus einer anderweitigen Verwertung des Gebrauchs erlangt. Diese Vorschrift gilt eben nicht für die Konventionalstrafe, sondern nur für den Mietszins. Dieser wäre Ende Juni fällig. Diesen erlangt B. gar nicht von A., da er ihn ja von C. erhält.

Fall 237.

1. Es liegt ein vertragsmäßiges Rücktrittsrecht §§ 346 ff., insbesondere 360 vor. Während aber dessen Ausübung in der Regel die Folge hat, daß sich die Parteien nach § 346 die gemachten Leistungen zurückgewähren müssen, ist hier außerdem vereinbart, daß A., falls er den Fragebogen falsch ausfüllt, die bereits gezahlte Prämie verliert. A. hat nun, da er erwiesenermaßen den Fragebogen falsch ausgefüllt hat, den Vertrag insoweit nicht er-

füllt, und die Gesellschaft darf daher ihre Rechte geltend machen. Sie macht sie aber erst sechs Jahre nach der Kenntnis der falschen Ausfüllung geltend und läßt sich bis dahin die Versicherungsgelder von A. zahlen. Das verstößt zweifellos gegen Treu und Glauben. Es fragt sich, wie der Gesellschaft beizukommen ist. Da Verträge nach § 157 so auszulegen sind, wie Treu und Glauben es erfordern, so würde ich den nach § 360 abgeschlossenen Vertrag dahin auslegen, daß die Gesellschaft nur dann den Rücktritt und den Verlust der Ansprüche des A. geltend machen kann, wenn sie dies unverzüglich nach Kenntnis der falschen Ausfüllung des Fragebogens seitens des A. tut. Andernfalls und somit auch hier, ist sie an den Vertrag nach § 241 gebunden.

2. Bloßer Zweifel an der Richtigkeit der Angaben des A. verpflichtet die Gesellschaft meines Erachtens noch nicht zur Rücktrittserklärung, solange keine durchschlagenden Verdachtsgründe vorliegen. Sie mußte sich aber erkundigen, sonst trifft sie ein Verschulden. Erlangt sie dadurch noch keine Klarheit, so kann sie die Prämie erhalten.

3. Hat die Gesellschaft die Unrichtigkeit der Angaben des A. gekannt, so war ihr wohl kaum zuzumuten, es auf den Prozeß ankommen zu lassen, wenn sie keine Beweismittel hatte.

Oder mußte sie dies deshalb, weil ihr das Mittel der Eideszuschiebung zur Verfügung steht?

Fall 243.

Zwischen dem Clown und dem Zirkusdirektor besteht ein Dienst- bzw. Werkvertrag, bei dessen Abschluß für den Clown eine Vertragsstrafe im Sinne der §§ 339 ff. insbesondere des § 340 verabredet worden ist. Wenn daher der Clown nach zwei Monaten fortläuft, obwohl er auf sechs Monate gemietet ist, so kann der Gläubiger die Strafe verlangen. Der Einwand des Clowns, daß er der deutschen Sprache nicht mächtig sei und den Vertrag ohne Kenntnis von seinem Inhalt unterschrieben habe, ist möglicherweise als eine Anfechtung desselben wegen Irrtums nach § 119 aufzufassen. Dem Clown würde es aber wohl schwer fallen, nachzuweisen, daß er die verpflichtende Erklärung bei Kenntnis der Sachlage und verständiger Würdigung des Falles nicht abgegeben hätte. Das hat er auch nicht versucht, die Frage ist nun die, ob, wenn ihm dieser Nachweis gelänge, die Verpflichtung zur Zahlung der Vertragsstrafe wegfiele. Nach § 142 wäre der Vertrag als von Anfang an nichtig anzusehen. Damit würde meines Erachtens auch die Vereinbarung der Vertragsstrafe hinfällig. Bei dem fraglichen Beweise würde die Sprachunkunde übrigens noch keinen allzugroßen Einfluß haben.

Was die Höhe der Strafe betrifft, so würde ich sie für nicht zu bedeutend halten, denn sie überschreitet noch nicht die Gesamtsumme der Gage. § 343 ist daher nicht anzuwenden.

Fall 247.

Zwischen dem Bankier B. und dem Rentier A. besteht ein Kaufvertrag (§§ 433 ff.). Die Ware ist, wie nicht bestritten wird, mangelhaft und zwar ist anzunehmen, daß A. diesen Mangel nicht sofort erkennen konnte. Beklagter bestreitet den Mangel nicht. Um aber der Haftung nach den §§ 459 ff. zu entgehen, stützt er sich auf § 363 und behauptet, daß B. die Leistung trotz des Mangels an Zahlungsstatt angenommen habe. § 363 liegt indessen meines Erachtens gar nicht vor, denn die Annahme an Zahlungsstatt kann nur vorliegen, wenn die Leistung eine andere war, als die versprochene oder wenn sie unvollständig war, während man die Papiere eben, weil § 459 anwendbar ist, nicht anders als die verabredeten Sachen bezeichnen kann, denn sie behalten ja als solche ihren Wert, wenn sie auch im Falle des Verkaufs zunächst nicht zu brauchen sind. Die Nichtlieferbarkeit wegen eines äußeren Defekts ist dann auch nach Börsenusance ein Mangel im Sinne der §§ 459 ff. Es fehlt den Papieren nur eine wesentliche Eigenschaft. Auf § 363 wird sich also A. nicht stützen können. Er haftet für den Mangel nach §§ 459 ff. Da die Aktien als der Gattung nach bestimmte Sachen anzusehen sind, so kann A. nach § 480 Lieferung von mangelfreien Aktien verlangen. Eine weitere Frage ist die, ob A. außerdem noch Ersatz des durch die voraufgegangene Verweigerung des Umtausches entstandenen Schadens fordern kann. Nach § 480 Abs. 1 Satz 2 verbunden mit § 467 ist dies zu bejahen.

Die Verteidigung des A. gegen die Einwendungen des B. scheint hiernach abwegig. Erfüllung liegt schon vor, aber nur mangelhafte Erfüllung. Es ist doch immer noch etwas anderes, als wenn B. ganz andere Aktien geliefert hätte.

Nimmt man an, daß § 363 anwendbar ist, so muß A. beweisen, daß er die Aktien bei Kenntnis der Sachlage nicht als Erfüllung angenommen hätte.

Was endlich die Irrtumsfrage betrifft, so dürften §§ 119 ff., 142 hier nicht in Frage kommen. Man könnte sagen, daß bei jedem wesentlichen Mangel ein Irrtum des Käufers vorliege, aber die Vorschriften über den Irrtum werden dann eben durch die Vorschriften über Mängel konsumiert.

Fall 248.

Die Hauptfrage ist dahin zu fassen, ob B. bei den Zahlungen im vierten, achten und zwölften Monat verpflichtet war, selbst eine nähere Bestimmung darüber zu geben, als was er die Zahlung annehme. Würde man annehmen, daß ohne nähere Bestimmung beiderseits die zufällig im vierten Monat gezahlte Rate als für den ersten Monat gezahlt zu gelten habe, die im achten Monat gezahlte für den zweiten Monat, so käme man zu dem Resultat, daß A. schon im fünften Monat mit vier aufeinanderfolgenden Raten im Rückstande ist. Nimmt man es nicht an, so wäre er es nicht einmal nach Zahlung der zwölften Rate. Indessen hätte es dem B. meines Erachtens doch auffällig erscheinen müssen, daß A. gerade im vierten Monat bezahlt, noch mehr, daß er im achten bezahlt, er hätte ihn darauf hinweisen müssen, daß er die Zahlung vom vierten Monat als erste Rate annehme, nicht als vierte. Vermuten darf man meines Erachtens nicht, daß A. die vierte Rate als erste zahlen will, obgleich ich zugebe, daß sich auch die andere, dem B. günstigere Ansicht verteidigen läßt. Vorausgesetzt ist bei dieser Deduktion, daß A. bei der Zahlung nicht etwa ausdrücklich die Bemerkung hinzugefügt hat, daß er diese Zahlung als Zahlung auf die vierte Rate mache, denn in diesem Falle wäre es ja zweifellos, daß B. einen Vorbehalt machen mußte.

Die Frage ist nun, ob B. die übrigen 900 M. schon nach der Zahlung im zwölften Monat einklagen kann, oder ob A. einwenden kann, es sei die vierte, achte und zwölfte Rate gezahlt und er, der A. sei daher nicht mit vier aufeinanderfolgenden Raten im Rückstande, vielmehr trete dieser Fall erst im sechzehnten Monat wieder ein. Nach obiger Darstellung kann A. damit durchdringen.

Immerhin möchte vielleicht zu erwägen sein, daß die Zahlung auf diese Weise außerordentlich hinausgeschoben wird und daß man deshalb vielleicht doch einen Vorbehalt des B. für nicht erforderlich halten kann.

Ist § 366 BGB. vielleicht analog anwendbar?

Fall 249.

1. Ich nehme zunächst an, daß B. den Wein bei der Annahme als Rheinwein erkennt und ihn trotzdem annimmt. Indem A. versehentlich den Rheinwein liefert, befindet er sich in einem Irrtum bei der Uebergabe. Daraus muß er nach § 119 sofort anfechten, wenn er die Lieferung rückgängig machen will. Offenbar soll hier sein nachträgliches Einverständnis mit der Lieferung angenommen werden, denn die Frage geht dahin, was B. zahlen muß. Auch B. will Erfüllung. Es wird sich also fragen, was darin zu erblicken ist, daß B. den Wein wissentlich vorbehaltlos annimmt. Darin liegt eine Annahme an Erfüllungsstatt im Sinne des § 364. Nach § 364 erlischt dadurch das Schuldverhältnis. Es liegt zwar eine andere Leistung vor, aber sie ist an Erfüllungsstatt angenommen worden. Dafür braucht B. nur den für die ursprüngliche Leistung festgesetzten Preis zu zahlen, also den Preis für den Moselwein, nicht den, wie anzunehmen ist, höheren Preis für den Rheinwein.

Erkennt B. den Wein nicht sofort als Rheinwein, so liegt § 363 vor. Er hat dann die Leistung als Erfüllung, nicht an Erfüllungsstatt angenommen. Er kann also später, nachdem er sie als eine andere erkannt hat, dies geltend machen und sie zurückweisen mit der Einrede des nicht erfüllten oder nicht gehörig erfüllten Vertrags (vgl. Rosenthal Anm. 1a zu § 363). Genehmigt B. die Lieferung nachträglich, was bei dem durchschnittlich höheren Werte des Rheinweins vermutlich nur zu seinem Vorteil gereichen könnte, so liegt § 364, also Annahme an Erfüllungsstatt, vor.

2. Liefert A. arglistig den Rheinwein und nimmt B. den Wein, trotzdem er ihn als solchen erkennt, an, so liegt wieder der Tatbestand des § 364 vor. B. braucht nur den Preis des Moselweins zu zahlen. Erkennt B. den Wein erst später als Rheinwein und behält er ihn trotzdem, so bleibt die Lösung dieselbe.

Oder könnte man vielleicht sagen, in der Zusendung des Rheinweins liegt eine neue Offerte, die B., wenn er den Rheinwein erkannte, annahm?

Fall 251.

Zu Frage 1: Da das Darlehn am 1. März fällig ist, so kommt A. dadurch, daß er an diesem Termin ohne einen Vertreter bestellt zu haben, verreist und nicht in der Lage ist, dasselbe anzunehmen, nach § 293 in Verzug der Annahme. A. hat daher von dem nach § 372 ihm zustehenden Rechte, das Geld zu hinterlegen, Gebrauch gemacht. Wenn nun B., nachdem er am 7. Januar zurückgekehrt ist, auch die Zinsen zu 2% seit dem 1. März fordert, so ist das auf jeden Fall unberechtigt, aber nicht allein nach § 379 Abs. 3, sondern auch schon nach § 379 Abs. 2. Danach ist der Schuldner während der Hinterlegung nicht verpflichtet, Zinsen zu zahlen oder Ersatz für nicht gezogene Nutzungen zu leisten. § 301 wird indessen als lex generalis mit Recht von A. zur Ergänzung angeführt. Die Einwendungen des B. sind dem klaren Wortlaut des Gesetzes gegenüber so bestimmt als haltlos zu erkennen, daß ein näheres Eingehen auf dieselben nicht nötig erscheint. Bemerkt sei nur, daß B. mit dem Hinweis auf § 379 Abs. 2 sich selbst widerlegt, denn da sind gerade Zinsen im Gegensatz zu den anderen Nutzungen gestellt.

Zu Frage 2: Die §§ 301, 379 greifen hier nicht ein. Doch laufen andererseits die vertragsmäßigen Zinsen von 4% weiter. Will sich A. von diesen befreien, so muß er das Geld bei der Hinterlegungsstelle belassen.

Auch in diesem Falle würde ich aber die Hinterlegungszinsen von 2% dem A. belassen. Man könnte so konstruieren: Die Unmöglichkeit der Zahlung ist hier zwar nicht durch die Schuld des Gläubigers B., wohl aber durch Zufall veranlaßt. Das hinterlegte Geld wird durch die Hinterlegung Eigentum des B. Nach dem allgemeinen Satze: casum sentit dominus muß B. daher die Folgen der Unmöglichkeit der Rückzahlung auf sich nehmen und dem A. die 2% Zinsen überlassen.

Fall 252.

Es fragt sich, ob die Voraussetzungen des § 387 gegeben sind. Beide Leistungen sind zweifellos Geldleistungen, also gleichartig, der aufrechnende Teil, nämlich B., kann auch die ihm gebührende Leistung, nämlich die 100 M. als Kaufpreis fordern, denn dieser ist nach § 433 in Ermangelung besonderer Bestimmungen sofort fällig. Wenn also A. die verfallenen Zinsen in Höhe von 100 M. einklagt, so kann B. mit der Kaufpreisforderung in Höhe von 100 M. aufrechnen. Die Forderungen erlöschen also (§§ 388, 389).

Fraglich ist, ob dieses Erlöschen dadurch verhindert wird, daß B. die Kaufpreisforderung gegen seine Darlehnsforderung anrechnet. Die Lösung ergibt sich aus § 396 verbunden mit § 367. Da A. der Aufrechnung widerspricht, so kommt nach § 396 Abs. 2 der § 367 zur Anwendung. Danach sind zuerst die Zinsen gegen die Kaufpreisforderung aufzurechnen. B. kann also nicht mit der Kaufpreisforderung aufrechnen.

Fall 253.

Nach § 152 ZwVG. ist der Mietvertrag auch dem Verwalter C. gegenüber wirksam. C. darf daher gar nicht kündigen, da der Vertrag auf ein Jahr abgeschlossen ist. Er konnte den B. nicht zum Auszug zwingen. B. will aber sein Recht darauf, in dem Hause des A. wohnen zu bleiben, gar nicht geltend machen, sondern verlangt nur Schadensersatz für die vorzeitige Kündigung.

Wenn B. mit A. den Vertrag geschlossen hat und gegen C. kompensiert, so fällt zunächst die scheinbar mangelnde Identität der Personen auf. Indessen ist anzunehmen, daß C. in diesem Falle als Vertreter des Eigentümers A. handelt. Das weitere Erfordernis des § 387 — Gleichartigkeit der Forderungen — ist auch vorhanden, denn die von C. verlangte Miete besteht in einer Geldleistung, ebenso wie der von B. verlangte Schadensersatz. Ebenso ist sicher, daß beiderseits Fälligkeit vorliegt. Die Schadensersatzforderung des B. ist ohne Zweifel fällig, ebenso die Mietzinsforderung, denn der Mietzins ist im voraus zu zahlen. (Anders § 551.) Nun ist aber § 392 zu beachten. Durch die Anordnung der Zwangsverwaltung wird jedenfalls auch die Mietzinsforderung des A. beschlagnahmt. Dabei wird die Aufrechnung ausnahmsweise ausgeschlossen, wenn der Schuldner seine Forderung nach der Beschlagnahme erworben hat oder wenn seine Forderung erst nach der Beschlagnahme und später als die in Beschlag genommene Forderung fällig geworden ist. Das ist nun hier der Fall, denn der Schaden ist dem B. zwar vielleicht teilweise schon entstanden, zum größeren Teil aber erst nach Ablauf des Jahres, auf welches der Vertrag abgeschlossen ist. Daher wird B. seine Schadensersatzansprüche getrennt geltend machen müssen.

Anm. Die Art des vorliegenden Vertrages ist meines Erachtens nicht von Bedeutung. Es sind verschiedene Konstruktionen denkbar.

1. Man kann annehmen, daß zwei Verträge vorliegen. Ein Dienstvertrag (Vizewirt, in Sachsen Hausverwalter genannt) und ein Mietvertrag. Es ist bedungen, daß sich die gegenseitigen Ansprüche aus diesen Verträgen aufheben sollen.

2. Es liegt ein Vertrag vor. Der Vizewirt hat daraus Anspruch auf Benutzung der Wohnung, der Hauseigentümer auf Leistung von Diensten. Man kann vielleicht von einem Dienstvertrag sprechen, bei dem die Vergütung (§ 612) in der Überlassung einer Wohnung besteht.

Fall 255.

Der Fall betrifft die sog. Eventualaufrechnung. Stölzel will bei streitiger Klageforderung die Klage abweisen, ohne zuvor Beweis über das Bestehen der Klageforderung zu erheben. Er hat hiervon nicht nur in seiner Schulung, sondern des breiteren auch in dem Vortrage: Rechtslehre und Rechtsprechung (Berlin 1899) gehandelt. Er steht aber mit seiner Lehre ziemlich allein da. (Staub in seiner Einleitung zum Komm.) Die richtige Ansicht geht dahin, daß die Klageforderung selbst erst durch Beweiserhebung festzustellen und dann erst auf die Wirkung der Aufrechnung einzugehen ist. Dies ist schon aus praktischen Gründen vorzuziehen und in der Praxis auch allgemein üblich.

Bezüglich des Näheren vergleiche die angeführte Literatur. Zu vergleichen auch Staubs vorzügliche Ausführungen im Komm. zum HGB. Hier sollen nur Gesichtspunkte gegeben werden.

Fall 256.

Der Fall scheint mir nicht ganz klar, insofern nicht erkennbar ist, ob der Vergleich als ein Zwangsvergleich im Sinne der §§ 173 ff. KO. aufzufassen ist. Letzterer bewirkt Tilgung der 50%, eine getilgte Forderung kann aber nicht aufgerechnet werden.

Oder ist eine Beendigung des Konkurses nach § 202 KO. (Zustimmung aller Gläubiger) gemeint? Dann bliebe die Restforderung bestehen. In diesem Falle dürften die §§ 53 ff. KO. über die Aufrechnung im Konkurse Anwendung finden. Wichtig scheint mir hierbei besonders § 53, wonach ein Gläubiger, der zur Aufrechnung befugt ist, seine Forderung nicht zur Konkurstabelle anzumelden braucht.

Fall 257.

Im ersten Satz muß es heißen: B. schuldet dem A. 2000 M. anstatt: A. schuldet dem B. 2000 M., denn sonst wäre ja A. in beiden Fällen Schuldner. Nach § 396 kann der aufrechnende Teil, also hier der B., wenn einer oder der andere Teil mehrere zur Aufrechnung geeignete Forderungen hat, die Forderungen bestimmen, die gegeneinander aufgerechnet werden sollen. B. tut dies, indem er erklärt, daß er mit den beiden ersten Forderungen aufrechnen wolle, also mit Darlehns- und Kaufforderung, so daß die Mietzinsforderung noch ungetilgt und daher einklagbar ist. A. widerspricht und verlangt, daß die Kauf- und die Mietzinsforderung gegen die seinige aufgerechnet werden. Nach § 366 findet nun im Falle des sofortigen Widerspruchs § 366 Abs. 2 entsprechende Anwendung. Demnach entscheidet die dort bestimmte Reihenfolge, d. h. es wird zunächst diejenige Forderung aufgerechnet, welche dem aufrechnenden Teil geringere Sicherheit bietet usw. (Fälligkeit ist hier Voraussetzung). Hiernach ist also zu entscheiden, ob B. gegen die Forderung des A. von 2000 M. seine Kauf- und Darlehnsforderung oder ob er seine Kauf- und Mietsforderung aufrechnen muß. Genaueres ist ohne Kenntnis der näheren Umstände nicht festzustellen.

Fall 258.

Aus dem zwischen A. und B. abgeschlossenen Kaufvertrage hat B. ein persönliches Recht auf Uebereignung, d. h. auf Auflassung des Kaufgrundstücks am 1. April erlangt. Wenn nun B. im März diesen Anspruch an D. abtritt, tritt D. nach § 398 mit dem Abschluß des Vertrages an Stelle des bisherigen Gläubigers B. Eine Form ist für diese Abtretung nicht nötig. D. kann also gegen B. auf Auflassung klagen. Im Verhältnis zu A. hat also D. sämtliche Rechte, die bisher B. hatte. Im Verhältnis zu A. gilt er demgemäß als Käufer und hat ein Recht auf Abgabe der Auflassungserklärung gegen diesen.

A. hat also dem D. gegenüber am 1. April die Auflassungserklärung vor dem Grundbuchamt abzugeben (§ 925). Zu B. tritt D. in das Verhältnis des Zedenten zum Zessionar, seine Rechte gegen ihn bestimmen sich also nach den §§ 398 ff. B. hat aber an A. den Kaufpreis zu zahlen, denn er tritt nur seinen Anspruch an D. ab. Von einer Übernahme der Verpflichtungen aus dem Vertrage ist nicht die Rede. Zu C. tritt D. von der Auflassung an in das Verhältnis eines Pfandschuldners. Persönlicher Schuldner bleibt B.

Auf Auflassung kann D. vom 1. April ab gegen A. klagen.

A. muß übrigens nach § 416 dem Hypothekengläubiger C. von der Schuldübernahme seitens des B. Mitteilung machen. Von der Genehmigung des C. wird es abhängen, ob die Übernahme der Hypothekenschuld durch B. Wirksamkeit erlangt. C. braucht sich also keinen neuen Schuldner an die Stelle des alten setzen zu lassen. Gegen den Verkauf des Grundstücks kann er natürlich nichts einwenden. Die Mitteilung hat den Vorschriften des § 416 Abs. 2 zu entsprechen.

Die einzige Schwierigkeit liegt darin, daß die Aufgabe sagt, B. tritt seinen Anspruch aus dem Vertrag an D. ab. Da das wörtlich zu nehmen ist, so gehen nur seine Rechte, nicht aber seine Pflichten aus dem Kauf auf D. über. B. muß also den Kaufpreis an A. zahlen und D. kann die Auflassung verlangen. Wenn in diesen Fällen der Zedent seine Verpflichtung nicht erfüllt, so kommen §§ 320, 321, 322 in Betracht. Praktisch ist aber auch leicht denkbar, daß B. nicht nur seine Rechte, sondern auch seine Pflichten aus dem Kaufvertrag auf D. überträgt. Für die Hypothek muß D. als dinglicher Schuldner auch ohne Vereinbarung haften.

Fall 259.

Der Fall erscheint sehr einfach. C. hat nach § 398 infolge der Abtretung gegen A. dieselben Rechte wie vorher B. Doch will Schück hier wohl auf etwas anderes hinweisen. Wenn B. nur seinen Anspruch und nicht vielmehr seine Rechte und Pflichten aus dem Vertrag an C. abtritt, so hat, wenn man dem Wortlaut des Vertrages folgt, B. den Kaufpreis zu zahlen und C. die Pferde zu verlangen. Wie steht es nun mit der Abnahmepflicht des § 433 Abs. 2? Diese Verpflichtung kann nicht ohne weiteres übertragen werden. Man wird deshalb wohl in diesen Fällen oft annehmen müssen, daß bei gegenseitigen Verträgen mit der Anspruchsabtretung im Zweifel eine Schuldübernahme verbunden ist (§ 415).

Fall 260.

Wenn Rothschild außer der Forderung auch den Brillantschmuck dem Y. überläßt, so tut er das mit Rücksicht auf § 401, wonach mit der abgetretenen Forderung auch das Pfandrecht auf den neuen Gläubiger übergeht. (Das Pfandrecht würde nach §§ 401, 1250 auch übergehen, wenn Rothschild den Schmuck behielte.) Die Frage ist, ob X., der Schuldner, sich die Zession und Besitzübertragung des Schmucks gefallen lassen muß. Aus § 398, insbesondere aus dem Worte „kann“ geht hervor, daß der Schuldner eine Abtretung der

Forderung nicht zu verhindern imstande ist. Dasselbe folgt e contrario aus den §§ 399 ff., indem dort die Fälle aufgezählt sind, in denen eine Abtretung nicht möglich ist und unter diesen der Fall der mangelnden Zustimmung des Schuldners nicht genannt ist.

Fraglich ist, ob sich X. außer der Abtretung auch die Überlassung des Schmucks an Y. gefallen lassen muß. Da Y. sich in Zahlungsschwierigkeiten befindet, so ist zu befürchten, daß er bei Einziehung der Forderung strenger vorgehen oder sich sogar ohne Recht an dem Pfande vergreifen könnte. Nach den obigen Ausführungen über das Wesen der Abtretung wird X. aber auch gegen die Überlassung des Schmucks an Y. kaum etwas tun können.

Y. erlangt durch die Abtretung die Rechte, nicht aber die Pflichten eines Darlehnsgläubigers. Seine Rückgabepflicht beruht auf §§ 1223, 985.

Fall 261.

Die Ausführung des C. ist richtig. Zession des Anspruchs des A. an die Lotteriedirektion auf Herausgabe der Kaution von 20 000 M. ist nach § 599 ungültig. Jedoch ist die Pfändung der Forderung auf Herausgabe derselben durch C. nach § 851 Abs. 2 ZPO. gültig. Dieser bestimmt, daß eine Forderung zwar in Ermangelung besonderer Vorschriften der Pfändung nur insoweit unterworfen ist, als sie übertragbar ist, daß dagegen eine nach § 399 des BGB. nicht übertragbare Forderung insoweit gepfändet und zur Einziehung überwiesen werden kann (also übertragen werden kann), als der geschuldete Gegenstand der Pfändung unterworfen ist. Die letztere Frage regelt wiederum § 811 ZPO. Danach ist die Kaution zweifellos der Pfändung unterworfen. Demnach ist sie zwar nicht abtretbar, wohl aber pfändbar und zur Einziehung überweisbar. C. hat also den § 399 nicht mißverstanden. Diese Vorschrift ist vollständig klar und läßt durchaus keine verschiedene Auslegung zu. Auch ist in den Fällen, in denen das BGB. die Worte „kann nicht" usw. gebraucht, stets anzunehmen, daß, wenn der Vorschrift nicht genügt wird, Unwirksamkeit des Rechtsgeschäfts eintritt (absolutes Gesetz). Aber damit die Vorschrift des § 399 nicht von Schuldnern dazu benutzt wird, ihr in Forderungen bestehendes Vermögen durch die Vereinbarung, die Forderung solle nicht abtretbar sein, dem Zugriff der Gläubiger zu entziehen, gibt § 851 ZPO. die schon besprochene Ausnahmevorschrift (vgl. Rosenthal, Anm. 3 zu § 399). B. ist demnach mit der Klage abzuweisen.

Fall 262.

Nach § 406 ist eine Aufrechnung des Schuldners mit einer ihm an den Zedenten zustehenden Forderung im allgemeinen gestattet, doch mit Ausnahme der Fälle, wo der Schuldner bei dem Erwerbe der Forderung von der Abtretung Kenntnis hatte, oder wo die Forderung erst nach Erlangung der Kenntnis oder später als die abgetretene Forderung fällig geworden ist. Ersteres Erfordernis liegt nicht vor, denn am 15. Januar war die Forderung noch gar nicht abgetreten, letzteres liegt auch nur teilweise vor, denn die Forderung war zwar am 1. April, also nach der am 1. Februar erlangten

Kenntnis, fällig, aber, wie man aus dem Text entnehmen muß, nicht später, als die abgetretene Forderung. Somit kann X. aufrechnen.

Fall 263.

Da dem Schuldner A. die Abtretung der Forderung seitens des B. an C. und D. nicht mitgeteilt worden ist, so kann A. nach § 407, solange er von der Abtretung nicht auf andere Weise Kenntnis erhält, mit befreiender Wirkung an den B. zahlen. Durch die von D. auf Grund des Schuldscheins angestellte Klage erfährt nun A. von der Abtretung und muß nunmehr an D. zahlen. Das Urteil ist also zu Recht ergangen. A. ist nun durch die Leistung an D. nach § 408 befreit.

Wie steht es mit dem Regreß des C. gegen D.? C. war der wahre Gläubiger, denn ihm ist zuerst abgetreten worden. D. ist auf seine Kosten ohne Rechtsgrund bereichert (§§ 812, 816, 1). C. kann gegen D. kondizieren. D. muß sich dann wieder an B. halten. Die Grundlage seiner Ansprüche kann Betrug (§§ 823 ff.) bilden, oder auch ein Vertragsverhältnis z. B.: Der der Abtretung zugrunde liegende obligatorische Vertrag.

Fall 264.

Wenn B. das Grundstück an C. verkauft, ohne daß etwas bezüglich der Hypotheken gesagt wird, so ist nach § 414 anzunehmen, daß C. die Hypothek von 10 000 M. nicht mit als persönlicher Schuldner übernommen hat. Er haftet also nur dinglich, d. h. mit dem Grundstück, während B. als persönlicher Schuldner weiter haftet. Durch den Verkauf an D. wird C. gänzlich von der Haftung frei, weil D. die Hypothek übernimmt. Wenn D. die Hypothek in Anrechnung auf den Kaufpreis übernimmt, so will er damit nicht nur als dinglicher, sondern auch als persönlicher Schuldner haften. Persönlicher Schuldner war bisher, wie ich voraussetze, B. C. ist frei. Wenn es also heißt, D. übernimmt die Hypothek, so fragt sich, wie dies zu geschehen hat. Nach § 414 hat es normalerweise durch Vertrag mit dem Gläubiger zu geschehen. Das ist A. Nach § 415 kann es auch durch Vertrag mit dem bisherigen Schuldner geschehen. Dieser ist B. Wie dies hier erfolgt ist, sagt die Aufgabe nicht. Jedenfalls muß man nach der Aufgabe annehmen, daß C. frei ist. Er ist also meines Erachtens keinesfalls in Anspruch zu nehmen. Vielmehr haftet nur D. für den Ausfall.

Die Aufgabe scheint mir nicht ganz klar. Vielleicht geht Schück hier auf etwas anderes aus.

Fall 265.

Wenn es heißt, B. habe die Hypothek von 10 000 M. übernommen, so muß man annehmen, daß B. damit infolge des Verkaufs des Grundstücks an ihn als persönlicher und dinglicher Schuldner für deren Rückzahlung haftet, falls die Vorschriften des § 416 erfüllt sind. B. braucht sich nicht noch, wie es in der Aufgabe heißt, dem A. gegenüber zu verpflichten, diesen von der Haftung gegenüber X. zu befreien. Wenn nun B. das Haus an C. verkauft, und über die Hypothek dabei nichts verabredet wird, so hat C. dem X. nur als dinglicher Schuldner, d. h. nur mit dem Grundstück für die Hypothek zu haften, während B. als persönlicher Schuldner weiter haftet. A. hat nun seinen Liberationsanspruch an X. abgetreten. Das ist angängig. B. macht offenbar gegenüber der Klage des X. geltend, daß X. nicht den Anspruch des A. gegen ihn, den B. auf Erfüllung der Forderung des X. einklagen könne. Ich möchte das zulassen. B. bestreitet aber damit einen Teil des Klaggrundes und X. muß daher beweisen.

Die Klage erscheint mir somit begründet.

Fall 267.

A. und B. haben sich durch Vertrag zu einer teilbaren Leistung verpflichtet. Nach § 427 haften sie für die Rückzahlung des Darlehns als Gesamtschuldner. Nach § 425 Abs. 2 wirkt das rechtskräftige Urteil gegen A., nicht gegen den B. C. kann also später gegen B. ebenfalls klagen. Mit der Gegenforderung des A. kann B. nach § 422 Abs. 2 nicht aufrechnen. Somit sind beide Einwendungen des B. hinfällig.

Fall 268.

A., B., C. und D. haften dem Darlehnsgeber als Gesamtschuldner, denn sie haben sich durch Vertrag zu einer teilbaren Leistung verpflichtet. Nach § 426 Abs. 2 geht, soweit ein Gesamtschuldner den Gläubiger befriedigt und er von den übrigen Schuldnern Ausgleichung verlangen kann, die Forderung des Gläubigers gegen die übrigen Schuldner auf denjenigen, der geleistet hat, über. Nach § 426 Abs. 1 sind nun die Schuldner im Verhältnis zueinander zu gleichen Teilen verpflichtet, soweit nicht ein anderes bestimmt ist. Letzteres ist hier nicht der Fall. Wenn also A. die ganze Forderung bezahlt hätte, so hätte er gegen die anderen drei Schuldner einen Anspruch auf je ein Viertel der Schuldsumme, also auf je 300 M., denn das vierte Viertel schuldet er selbst, weshalb es durch Kollusion erlischt. Nachdem er nur 600 M., also die Hälfte der Schuldsumme gezahlt hat, kann er daher von den übrigen Schuldnern je ein Achtel des Ganzen fordern, also 150 M.

Wenn B. zahlungsunfähig ist, so ist der Ausfall von 150 M. nach § 426 Abs. 1 Satz 2 von den übrigen zur Ausgleichung verpflichteten Gesamtschuldnern zu tragen, also zahlt A. 200 M., kann sie aber auch von C. und D. verlangen.

Anm. Der Fall ist bei Matthiaß, Bd. I S. 426 behandelt.

Fall 269.

A., B. und C. haften dem Verkäufer des Pferdes nach § 427 als Gesamtschuldner für die Bezahlung des Kaufpreises, denn sie haben sich durch Vertrag zu einer teilbaren Leistung verpflichtet. Wenn C. die erste Rate von 500 M. allein bezahlt, so kann er nach § 426 Abs. 1 und 2 von den übrigen Schuldnern Ausgleichung verlangen. Da B. zahlungsunfähig wird, so ist der Ausfall nach § 426 Abs. 1 Satz 2 von den übrigen zur

Ausgleichung verpflichteten Schuldnern zu tragen. Während also die Schuldner mit B. je ein Drittel von 500 M. zu zahlen hätten, haben jetzt A. und C. außer ihrem Drittel noch die Hälfte von dem Drittel des zahlungsunfähigen B. zu tragen, also je 250 M. Somit dringt C. mit der Klage durch, da er 500 M. gezahlt hat, somit 250 M. über seinen Anteil.

Wenn die Klage am 3. Februar nach Fälligkeit der zweiten, aber unbezahlt gebliebenen Rate erhoben wird, so liegt kein Grund vor, weshalb dann nicht A. ebenfalls die 250 M. sollte einklagen können.

Fall 272.

Wenn die Aufgabe das Wort Auftrag gebraucht, so kann man dieses hier nicht im juristischen Sinne (§§ 662 ff.) auffassen. Das Schreiben des A. an B. ist vielmehr als eine Kaufofferte aufzufassen, die B. dadurch stillschweigend annimmt, daß er an C. liefert (§§ 433, 151). Der Käufer ist aber nicht der Empfänger C., sondern der Auftraggeber A., denn er will den Kaufpreis zahlen. A. haftet also dem B. nach § 433.

Nun fragt sich, welches Rechtsverhältnis zwischen A. und B. entsteht. Man wird wohl annehmen können, daß in dem Kaufvertrag hier zugleich ein Vertrag zugunsten eines Dritten (§§ 328 ff.) enthalten ist. Ob dadurch C. sofort ein Recht erwirbt, entscheidet sich dann nach § 328 Abs. 2. Bejaht man die Frage, so hat C. ein unmittelbares Forderungsrecht aus dem Kauf an B., verneint man sie, so besteht kein solches. Auch im letzteren Falle kann aber B. gegen C. auf den Kaufpreis klagen, und zwar aus dem Gesichtspunkte der ungerechtfertigen Bereicherung (§§ 812 ff.). C. braucht ja die Waren nicht anzunehmen.

Wenn nichts über den Preis vereinbart ist, gilt § 316.

Fall 274.

Wenn A. dem B. ohne Angabe der Quantität Kartoffeln verkauft, so ist ein gültiger Kaufvertrag nach § 433 noch nicht zustande gekommen (§ 154), denn eine Voraussetzung des § 433 ist, daß die zu verkaufende Sache bestimmt bezeichnet wird und daß infolge dieser Bezeichnung auch eine Preisbestimmung möglich ist (certa res, certum pretium —). Solange dies nicht geschieht, können Vereinbarungen höchstens als Vorverträge angesehen werden. Nach dem Vorliegenden hat sich also A. im Mai nur verpflichtet, dem B. zu Weihnachten Kartoffeln zu verkaufen und dann den Sack zu 6 M. zu liefern. Bezüglich der Zahl der zu liefernden Säcke hat er sich aber zu nichts verpflichtet. Erst mit der Bestimmung dieser Zahl kommt meines Erachtens der Kauf zustande. B. ist nur verpflichtet, falls ein Kaufvertrag zustande kommt, 6 M. pro Sack zu zahlen. Es steht also dem A. noch frei, vom Kaufe abzugehen. Mit dem Anführen, A. habe gewußt usw. beruft sich B. auf § 157. Er meint, der Vertrag sei nach Treu und Glauben dahin auszulegen, daß stillschweigend 100 Sack vereinbart seien. Dann läge allerdings ein gültiger Kauf vor, denn es wären certa res und certum pretium vorhanden. Ob man daraufhin den B. zur Einforderung der 100 Sack für berechtigt zu halten hat, wird von den näheren Umständen abhängen. Ausgeschlossen ist es jedenfalls nicht, daß die Parteien offenbar im Hinblick auf die lange Zeit bestehende Geschäftsverbindung die Zahl der Säcke, die bisher immer dieselbe war, nicht genannt haben.

Nicht richtig ist es meines Erachtens auch, wenn B. sich, wie man annehmen könnte, auf § 155 stützt, wonach bei einem Vertrag, selbst wenn sich die Parteien über einen Punkt, über den eine Vereinbarung getroffen werden sollte, das ist hier die Quantität, nicht geeinigt haben, das Vereinbarte gilt, wenn anzunehmen ist, daß der Vertrag auch ohne eine Bestimmung über diesen Punkt geschlossen sein würde. Nach § 316 könnte dann B. die Gegenleistung bestimmen.

Fall 275.

Für diesen Fall gelten ganz ähnliche Grundsätze wie für Fall 58. Dort handelt es sich um Darlegung der Irrtumsgrundsätze, hier um die Grundsätze über das Zustandekommen des Vertrags. Neu ist, daß unter Ziffer b nicht Verschulden des Wirtes usw., sondern eines Dritten vorliegt, während im Fall 58 nur gesagt wird, daß ein Schreibfehler vorliege. Die Frage scheint mir nicht wesentlich, da ein Verschulden beim Irrtum und daher auch beim Dissens für die Anfechtbarkeit des Geschäfts nicht in Betracht kommt.

Neu ist ferner die Verteidigung des Wirtes, A. habe wissen müssen, daß in einem so feinen Restaurant, wie das seine sei, ein Schnitzel nicht für 1 M. verabreicht werde. Wenn die Preisdifferenz wirklich so groß ist, daß sich A. im Hinblick auf die Vornehmheit des Restaurants denken konnte, daß ein Fehler vorlag, scheint mir das doch ohne Bedeutung. Die Entscheidung beruht vielmehr allein auf den Vorschriften der §§ 155, 316.

Ich überlasse dem Leser auf dieser Grundlage die genaue Erörterung. Leicht ist die Lösung nicht.

Fall 276.

Die entscheidende Frage ist die, wem von den drei Käufern die Kuh auf Grund des § 433 zuerst zu Eigentum übergeben worden ist. Man kann annehmen, daß bereits B. am 1. April nach § 930 Eigentümer der Kuh wird, während A. zugleich Verwahrer ist (§§ 688 ff.). In der Vereinbarung, daß A. die Kuh bis zum 10. April in seinem Stalle aufbewahren soll, liegt also zugleich eine Eigentumsübergabe (formlose Übergabe, constitutum possessorium), indem dem B. der mittelbare Besitz eingeräumt wird. Nimmt man an, daß B. bereits Eigentum an der Kuh erlangt habe, so ist diese beim Verkauf an C. eine fremde Sache. Das berührt nicht die Gültigkeit des Kaufvertrages zwischen A. und C., auch ist der Mietvertrag zwischen A. und C. gültig, denn vermieten kann auch der Nichteigentümer. Der Verkauf der Kuh an D. ist, obwohl Verkauf einer fremden Sache vorliegt, ebenfalls gültig.

Nach § 932 wird nun bei einer nach § 929 erfolgten Veräußerung der Erwerber auch dann Eigentümer, wenn die Sache nicht dem Veräußerer gehörte, es sei denn, daß er zu der Zeit, zu der er nach diesen Vorschriften das Eigentum erwerben würde, nicht in gutem Glauben war. Die Übergabe an C. ist aber nicht nach § 929 erfolgt, sondern wie schon die an B. nach § 930, denn es findet auch bei C. keine persönliche Übergabe statt, sondern nur eine solche nach § 930, indem C. auf Grund des verabredeten Mietverhältnisses den mittelbaren Besitz der Kuh erhält. C. kann daher nach § 933 trotz seines guten Glaubens kein Eigentum an der Kuh erlangen. In diesem Falle genügte die formlose Vereinbarung nicht zur Eigentumsübertragung. Anders steht es bei D. Dieser ist ebenfalls gutgläubig. Er führt aber die Kuh alsbald mit sich fort. In dieser Duldung der Fortführung seitens des A. liegt aber der Wille der Übergabe. D. wird also gemäß § 932 verbunden mit § 929 Eigentümer der Kuh.

B. hat somit das Eigentum an der Kuh verloren. Wenn er jetzt gegen D. auf Herausgabe der Kuh klagen würde, so würde die Klage abzuweisen sein.

Dagegen kann B. seine Rechte gegen A. aus § 823 (Unterschlagung) und aus dem Verwahrungsvertrag (§ 695) geltend machen. Es handelt sich in beiden Fällen um Schadensersatz, im letzteren infolge nachträglicher Unmöglichkeit der Leistung (§§ 323 ff.). Außerdem hat B. gegen A. einen Anspruch auf Grund des § 816. C. hat nicht dieselbe Stellung gegenüber A. Bei ihm ist der Kaufvertrag noch nicht erfüllt (§ 433). Er kann nur aus den §§ 440, 320 bis 327 klagen.

D. hat keinen Grund zur Klage, denn er hat seinen Zweck erreicht, indem er die Kuh erhielt. B. kann meines Erachtens von A. 120 M. verlangen, nicht nur 100 M. (§ 281).

Gesetzt, D. habe den A. gebeten usw. Wenn der Kaufpreis nicht bei der Übergabe gezahlt wird, so ist das kein Hindernis für den Eigentumsübergang. Ebensowenig liegt ein solches darin, daß D. die Kuh nicht selbst transportiert. Der Eigentumsübergang erfolgt schon im Augenblick des Wegganges des Knechts nach §§ 446, 447. Der Knecht ist nur Werkzeug. Demgemäß gebühren auch dem D. nach § 446 Abs. 1 Satz 2 bereits die auf dem Wege nach seiner Wohnung gezogenen Nutzungen und das Kalb gehört ihm.

Fall 277.

Nach § 434 ist der Verkäufer verpflichtet, dem Käufer den gekauften Gegenstand frei von Rechten zu verschaffen, die von Dritten gegen den Käufer geltend gemacht werden können. Wenn also im März vor der Übergabe des Grundstücks (das ist die Auflassung) eine Zwangshypothek von 10 000 M. auf demselben eingetragen wird und bestehen bleibt, so ist der Verkäufer seiner Verpflichtung am 1. April nicht nachgekommen (vgl. auch § 439). Somit kann der Käufer die nach § 440 ihm zustehenden Rechte geltend machen, insbesondere also auch nach Ablauf der nach § 326 zu setzenden Frist vom Vertrage zurücktreten (vgl. Rosenthal, Anm. 6 zu § 440). Die Auflassung muß er keinesfalls entgegennehmen, denn er kann schon nach § 320 die Leistung (das ist hier unter anderem die Annahme des Grundstücks) verweigern.

Die genauere Erörterung überlasse ich dem Leser.

Fall 278.

Von dem Abhängigkeitspatent handelt § 3 Abs. 1 Satz 3 des Patentgesetzes vom 7. April 1891. A. will offenbar aus § 10 Ziffer 2 citati das Nichtigkeitsverfahren betrieben haben. Der Lizenzvertrag ist keine vom Gesetze geprägte Vertragsfigur, sondern hat sich im Verkehrsleben gebildet. Sein Begriff ist nicht ausgebildet worden (Gegensatz der Verlagsvertrag). Ein Kauf ist er nicht. Er geht nicht auf Übertragung des Patentrechts. Eine Übertragung ist nach § 6 citati möglich, folglich auch ein Verkauf gültig. Nach § 4 citati ist der Patentinhaber ausschließlich befugt, den Gegenstand seiner Erfindung gewerbsmäßig herzustellen, in Verkehr zu bringen oder zu gebrauchen. Die Erlaubnis hierzu kann er einem anderen gegen Entgelt erteilen, dabei aber selbst Inhaber des Patents bleiben. In einem solchen Falle spricht man von einer Lizenz. Vielleicht kann man den Lizenzvertrag als eine Verpachtung des Patents betrachten (§ 581 „Gegenstand", „Genuß der Früchte" zu vgl. § 99 Abs. 2 BGB.). Doch ist das zweifelhaft.

Nach alledem können die allgemeinen Grundsätze über Vertragserfüllung Anwendung finden. B. hat nicht ordnungsmäßig erfüllt: Ein Regreß des C. gegen B. erscheint zulässig. Worauf sich der Regreß gründet, ist nicht zu erörtern. Die eingehende Erörterung ist auch hier dem Leser überlassen.

Fall 279.

Nach § 446 geht mit der Übergabe der verkauften Sache die Gefahr des zufälligen Unterganges und einer zufälligen Verschlechterung auf den Käufer über. Zu fragen ist also zweierlei, nämlich erstens: Liegt hier die Übergabe bereits vor? und zweitens: Ist es ein zufälliger Untergang, wenn der Hund die Wurst frißt? Nach § 929 gehört zur Übergabe Besitzübertragung zum Zwecke der Eigentumsübertragung. Die Besitzübergabe ist nun nach einer allgemeinen Regel vollendet in dem Augenblick, in welchem der Annehmende die Verfügungsgewalt über die Sache erlangt. Die wichtige Frage, wann diese Verfügungsgewalt auf den Annehmenden übergeht, ist aber in vielen Fällen schwer zu beantworten (vgl. hierüber Lehrbücher, insbesondere sind hier die Beispiele des Römischen Rechts lehrreich, weil jetzt noch genau so zu beurteilen). So kann man auch hier sehr zweifelhaft sein, ob der Käufer A. in dem Augenblick, in dem der Metzger die Wurst auf den Ladentisch gelegt hat, bereits die Verfügungsgewalt über dieselbe und somit Besitz und Eigentum daran erlangt hat. Man muß in diesen Fällen auch ganz besonders die Absicht der Parteien und die Auffassung des Verkehrs beachten. Danach würde ich nicht annehmen, daß A. bereits Eigentümer der Wurst ist. Das Hinlegen der Wurst auf den Ladentisch geschieht meines Erachtens noch nicht zu dem Zwecke, daß A. sie wegnehmen soll, denn es ist üblich, daß Fleischwaren eingepackt werden. Der Verkäufer hat also noch den Besitz. Die Übergabe ist noch nicht erfolgt.

Je nachdem man Übergabe annimmt, ist der Fall zu entscheiden.

a) Die Wurst ist noch nicht übergeben. Dann ist auch die Haftung für Zufall noch nicht auf den Käufer übergegangen. § 243 Abs. 2 wird in

Frage kommen. Danach beschränkt sich das Schuldverhältnis, falls der Schuldner das zur Leistung einer Gattungssache seinerseits Erforderliche getan hat, auf diese Sache. Wann dies der Fall ist, war bestritten. Nach BGB. gilt die sog. Lieferungstheorie, die bloße Ausscheidung genügt nicht immer (vgl. Staudinger, Bem. 5 zu § 243). Die sog. Konzentration tritt erst ein, wenn Schuldner dem Gläubiger die Sache in einer Weise angeboten hat, daß der letztere durch die Nichtannahme in Verzug gerät (§§ 293, 294, 300 Abs. 2, vgl. Staudinger, Bem. 5 a zu § 243). Dies dürfte nach dem Obigen betreffs der Wurst noch nicht der Fall sein, weil sie noch nicht eingepackt ist. Daher wird § 279 entscheidend sein. Danach hat Schuldner, wenn der geschuldete Gegenstand nur der Gattung nach bestimmt ist, solange die Leistung aus der Gattung möglich ist, sein Unvermögen zur Leistung auch dann zu vertreten, wenn ihm ein Verschulden nicht zur Last fällt. Das Unvermögen zur Leistung ist eben, solange die Leistung aus der Gattung möglich ist, stets ein vom Schuldner zu vertretender Umstand (vgl. Staudinger, Bem. 3 zu § 323).

§ 323 kann daher nicht Anwendung finden, auch § 280 (Schadensersatz wegen Nichterfüllung) kommt nicht zur Anwendung. Es entscheidet allein § 279. Der Verkäufer hat dem A. die Wurst nachzuliefern.

b) Die Wurst ist übergeben. Dann haftet nach § 446 der Käufer für den Zufall, er kann also keine Nachlieferung fordern, muß aber den Kaufpreis zahlen. § 324 verbunden mit § 275 schlagen ein.

Wie steht es nun, wenn der Hund dem Metzger gehört? Dafür haftet der Metzger in jedem Falle. Zwar trifft auch hier keinen der Vertragschließenden ein Verschulden, nach § 833 ist aber in diesem Falle derjenige, welcher das Tier hält, zum Schadensersatz verpflichtet. Hierbei erscheint es gleichgültig, ob die Wurst schon als übergeben zu gelten hat.

Fall 280.

Nach § 446 geht die Gefahr des zufälligen Untergangs der Kaufsache mit der Übergabe auf den Käufer über. Da die Vorschriften der §§ 433 ff. auch für Grundstücke gelten, so kommt § 446 auch hier in Betracht. Ein zufälliger Untergang der Kaufsache liegt nun hier ohne Zweifel vor. Derselbe ereignet sich nach der Übergabe des Grundstücks (als welche im Zweifel die Auflassung anzusehen ist). Somit hat B. die Gefahr zu tragen. Ebenso gebühren aber andrerseits dem B. nunmehr die Nutzungen des Grundstücks (§ 446 Abs. 1 Satz 2). Wenn daher das Haus versichert ist, so kann B. die Versicherungssumme beanspruchen (§ 281).

Ob der Kaufpreis zurzeit des Brandes schon gezahlt oder gestundet war, ist hier meines Erachtens gleichgültig, denn hier ist die Übergabe zweifellos erfolgt. Die Frage der Kaufpreiszahlung kommt nur in Betracht, wenn die Frage, ob die Übergabe erfolgt ist, zweifelhaft ist (vgl. Fall 160). Bei Grundstücken erfolgt in der Regel bei der Auflassung auch die Übergabe. Indessen kommt auch vor, daß vereinbart wird, daß das Grundstück zu einem andern Termin als übergeben gelten solle. Gewöhnlich heißt es: Die Übergabe erfolgt am Tage der Auflassung.

Fall 281.

Der Kaufvertrag über die 100 Scheffel Getreide betrifft einen sog. Versendungskauf, d. h. einen solchen, bei dem der Verkäufer die verkaufte Sache nach einem anderen Orte als dem Erfüllungsorte — das ist nach § 269 im Zweifel der Wohnsitz des Verkäufers — senden muß. Bezüglich des Übergangs der Gefahr gilt hier in erster Linie der Grundsatz des § 447. Danach geht die Gefahr auf den Käufer über, sobald der Verkäufer die Sache dem Transportmittel übergeben hat. Das letztere gilt also als Organ des Käufers, nicht des Verkäufers. Eine solche Übergabe an das Transportmittel — hier ist es die Eisenbahn — hat nun in dem Augenblick, wo der Zufall eintritt, noch nicht stattgefunden, denn die 100 Scheffel befinden sich noch im Speicher des A. Welche Grundsätze finden Anwendung? Was für eine Schuld liegt vor? Es verhält sich wie in Fall 279, oder wenigstens ähnlich. Der Schuldner A. hat die Gattungssachen zwar ausgeschieden aber noch nicht das seinerseits Erforderliche getan, denn das ist erst nach der Übergabe der 100 Scheffel an die Eisenbahn der Fall. Nach § 243, 2 beschränkt sich das Schuldverhältnis nicht auf diese Sache (vgl. Staudinger, Bem. 5α zu § 243). Nach § 279 hat nun A. sein Unvermögen zur Leistung auch dann zu vertreten, wenn ihm ein Verschulden nicht zur Last fällt, falls der geschuldete Gegenstand nur der Gattung nach bestimmt ist und die Leistung aus der Gattung möglich ist. § 323 ist danach nicht anzuwenden (vgl. Staudinger, Bem. 3 zu § 323). Schuldner hat eben dann sein Unvermögen zur Leistung stets zu vertreten. Dies ist hier der Fall. Hiernach trägt A. den Schaden. Er hat die 100 Scheffel nachzuliefern, ohne Bezahlung der verbrannten verlangen zu können.

Zu Frage 2: Verbrennen die übrig gebliebenen 200 Scheffel, so ist die Lieferung der 100 Scheffel nicht unmöglich geworden. Die 200 Scheffel sind ja nicht verkauft. Den Schaden trägt hier meines Erachtens nach dem allgemeinen Grundsatz casum sentit dominus der Eigentümer A. Er muß die 100 Scheffel liefern.

Zu Frage 3: Verbrennen alle 300 Scheffel, so dürfte § 279 nicht anwendbar sein, weil die Leistung aus der Gattung nicht mehr möglich ist. § 323 käme in Frage (vgl. Staudinger, Bem. 3 zu § 323). Liegt nun ein Umstand vor, den weder A. noch der Käufer B. zu vertreten hat? Es liegt Zufall, sog. höhere Gewalt vor. Kann man sagen, A. hat diesen zu vertreten, solange die Übergabe an die Bahn nicht erfolgt ist?

Fall 282.

Hier kommen dieselben Grundsätze wie in den Fällen 279, 281 in Verbindung mit den Verzugsvorschriften zur Anwendung. Das verkaufte Holz ist eine der Gattung nach bestimmte Sache. A. hat es ausgesondert, oder er soll es jedenfalls nach dem Willen der Parteien sofort aussondern und zur

Verfügung stellen. B. soll es binnen drei Tagen abholen. A. hat damit meines Erachtens das Erforderliche getan, wenn er das Holz ausgesondert hat. Dann ist § 243 Abs. 2 anwendbar. Die Konzentration ist eingetreten. Sie tritt ein, sobald der Schuldner dem Gläubiger die Sachen in einer Weise angeboten hat, daß der letztere durch die Nichtannahme in Verzug gerät (§§ 293, 294, 300 Abs. 2, vgl. Staudinger, Bem. 5 α zu § 243). Die Gattungsschuld verwandelt sich von da an in eine Speziesschuld. Daher kann § 279 jetzt keine Anwendung mehr finden (vgl. Staudinger, Bem. 5 b zu § 243 und § 275). Hier kommt nun insbesondere § 302 Abs. 2 in Betracht. Die Gefahr bei Gattungssachen geht danach mit dem Zeitpunkt auf den Gläubiger über, in dem er dadurch in Verzug kommt, daß er die angebotene Sache nicht annimmt. Die Vorschrift ist dahin zu verstehen, daß eben die ursprüngliche Gattungsschuld durch das Angebot zur Speziesschuld wird und deshalb die Gefahr übergeht (vgl. Staudinger, Bem. 2 zu § 300). Hierzu kommt nun § 324 Abs. 2. Befindet sich also B. im Annahmeverzug, so muß er den Schaden tragen. Zum Verzug gehört nun in der Regel die Mahnung. Diese ist nicht erforderlich, wenn eine Zeit nach dem Kalender bestimmt ist (§ 296). Ob das hier der Fall ist, kann zweifelhaft sein (Staudinger, Bem. I b zu § 284). Es wird wohl zu bejahen sein. A. trägt somit den Schaden.

Zu Frage b: Wenn das ganze Holzlager abbrennt, scheint mir dies an dem Resultat nichts zu ändern. § 300 Abs. 2 schlägt auch dann ein. Der Käufer B. ist auch hier in Annahmeverzug, falls A. ausgesondert hat. Er muß also das Holz bezahlen, ohne solches zu erhalten.

Darauf, daß A. ausgesondert hat, kommt nach alledem hier etwas an.

Fall 284.

Nach § 452 ist der Käufer verpflichtet, den Kaufpreis von dem Zeitpunkte an zu verzinsen, von welchem an die Nutzungen des gekauften Gegenstandes ihm gebühren, sofern nicht der Kaufpreis gestundet ist. Da die Kaufsache hier übergeben worden ist, der Käufer A. also Eigentum an ihr erlangt hat, so gebühren ihm auch die Nutzungen an derselben. Daher muß A. auch den Kaufpreis vom 3. Januar ab verzinsen, sofern nicht der Kaufpreis gestundet ist. Eine solche Stundung ist zweifellos schon darin zu erblicken, daß B. die Rechnung entgegen der Verkehrssitte erst nach sechs Monaten dem A. zusendet, zugleich aber darin, daß der Preis beim Kaufabschluß gar nicht bestimmt wird. A. braucht daher den Kaufpreis nicht zu verzinsen.

Anm. Anderes gilt bei Forderungen von Kaufleuten untereinander aus beiderseitigen Handelsgeschäften (vgl. § 353 HGB.). Die Übergabe braucht noch nicht erfolgt zu sein. Aber auch hier ist Fälligkeit der Forderung die Voraussetzung der Verzinsung.

Fall 285.

Der Vertrag ist ein solcher im Sinne des § 455. B. hat innerhalb Jahresfrist anstatt der verabredeten zehn Raten nur sechs Raten bezahlt und ist daher mit der Zahlung in Verzug. Nach dem Vertrage (übrigens auch nach § 455) ist A. Eigentümer des Pferdes geblieben und zum Rücktritt vom Vertrage berechtigt.

Nach §§ 346 f. sind nun die Parteien, wenn der Rücktritt erfolgt, verpflichtet, einander die empfangenen Leistungen zurückzugewähren. Somit muß A. den Kaufpreis zurückzahlen. Indessen ist nach § 346 Satz 2 hiervon das abzuziehen, was B. durch die Benutzung des Pferdes erspart hat.

Gefragt wird nun, ob A. bei der Klage auf Herausgabe des Pferdes die gezahlten 300 M. anbieten muß. Dies ist nicht nötig. Denn zur Klageabweisung kommt es nicht, sondern nur zur Verurteilung des B. zur Herausgabe des Pferdes Zug um Zug gegen Rückgabe der 300 M. seitens des A. (§§ 348, 322). Nach den §§ 1, 2, 3, 5 des Ges. betr. die Abzahlungsgeschäfte vom 16. Mai 1894 kommt man zu demselben Resultat.

Fall 286.

A. hat dem B. eine Eigenschaft des Pferdes zugesichert, die, wie sich später herausstellt, nicht vorhanden ist. Nach den §§ 462, 463 könnte daher der Käufer wandeln, mindern oder Schadensersatz verlangen. Nach § 481 gelten aber für den Verkauf von Pferden betreffs der Haftung die Vorschriften der §§ 459, 467, 469 bis 480 nur insoweit, als sich nicht aus den §§ 482 bis 492 ein anderes ergibt. Die Vorschriften der §§ 482 f. gelten nun zunächst nicht ohne weiteres bei Zusicherung einer bestimmten Eigenschaft. Nach § 492 finden indessen die §§ 487 bis 491 hierauf entsprechende Anwendung, somit gilt § 487, d. h. der Käufer B. kann nur Wandlung, nicht Minderung verlangen.

Fall 289.

Die Wandlung erfolgt auf Grund der §§ 487, 467 f. Nach § 467 finden auf die Wandlung die für das vertragsmäßige Rücktrittsrecht geltenden Vorschriften der §§ 346 bis 348, 350 bis 354, 356 entsprechende Anwendung. Nach § 347 bestimmt sich nun der Anspruch auf Herausgabe oder Vergütung von Nutzungen im Falle des Rücktritts nach den Vorschriften, die für das Verhältnis zwischen Eigentümer und Besitzer vom Eintritt der Rechtshängigkeit des Eigentumsanspruchs an gelten. Diese Vorschriften finden sich im § 987. Zu den Nutzungen gehörten nun auf seiten des Käufers B. auch die Ferkel. Sie sind also dem A. herauszugeben. A. hat den Kaufpreis zurückzuzahlen. Für die auf die Sache gemachten Verwendungen, also auch für die Futterkosten. kann dagegen B. nach § 994 von A. Ersatz verlangen. Um soviel würde sich also der von A. zurückzuzahlende Kaufpreis noch erhöhen.

Fall 290.

Nach § 494 sind beim Kauf nach Probe die Eigenschaften der Probe als zugesichert anzusehen. Entspricht also die Ware der Probe nicht, so bestimmen sich die Rechte des Käufers nach §§ 459 ff., insbesondere § 463. Nun entspricht hier zwar die obere Schicht der Probe, nicht aber das Übrige.

Daß sich dies erst am nächsten Tage herausstellt, ist gleichgültig, da eine sofortige Untersuchungspflicht des Käufers auch beim sog. Versendungskauf nach BGB. nicht besteht. (Anders nach H. 513, § 377.) Somit kann A. auch jetzt noch die aus den angezogenen Vorschriften hervorgehenden Rechte, also Wandlung, Minderung oder Schadensersatz wegen Nichterfüllung geltend machen (s. Rosenthal, Anm. 21 zu § 460). Da nicht alle Ziegel probewidrig sind, so kann B. nach § 469 nur wegen der probewidrigen wandeln. Zugleich ist aber § 480 anwendbar. Die Ziegel sind nur der Gattung nach bestimmte Sachen. Der Käufer derselben kann daher Lieferung mangelfreier Ziegel verlangen.

Die Beweislast hat in diesen Fällen der Käufer zu tragen, also hier B., denn seine Behauptung ist eine Einrede, kein Leugnen des Klaggrundes. Er hat ja auch die Vermutung gegen sich, daß er die Leistung als Erfüllung angenommen habe (§ 363).

Fall 291.

Der Vertrag enthält meines Erachtens einen Kauf auf Probe im Sinne des § 495, denn die Billigung des ersten Pferdes steht im Belieben des Käufers B. Zugleich liegt eine Alternativobligation im Sinne des § 262 vor, bei der aber das Wahlrecht nicht dem Schuldner A., sondern dem Käufer B. zusteht. Andere Konstruktionen sind denkbar.

Wenn B. ein anderes Pferd begehrt, braucht er nach § 495 verbunden mit § 262 gar nicht zu beweisen, weil die Billigung des ersten Pferdes in sein Belieben gestellt ist und das Wahlrecht zwischen beiden Pferden ihm zusteht. Will er auch das zweite Pferd wegen Unbrauchbarkeit nicht annehmen, so muß A., wenn er auf Kaufpreis klagt, dessen Brauchbarkeit als klagbegründende Tatsache, die bestritten ist, beweisen.

Fall 292.

Es ist eine Auslegungsfrage, ob man dem A. ein Rückforderungsrecht bezüglich der für seinen Bruder gemachten Auslagen zuerkennen soll. B. behauptet, es liege eine Schenkung im Sinne des § 516 vor, oder wenigstens eine unentgeltliche Zuwendung, die ja noch nicht Schenkung zu sein braucht (vgl. Rosenthal, Anm. 2 zu § 516). Bei der Schenkung müssen nach § 516 beide Teile darüber einig sein, daß die Zuwendung unentgeltlich erfolgt. Hier hat sich keine Partei beim Vertragsschluß darüber ausgesprochen. Es fragt sich daher, was im Zweifel zu gelten hat. Ich würde annehmen, daß jemand, der seinen verarmten Bruder unterstützt, im Zweifel nicht die Absicht der Rückforderung hat, also reine Schenkungsabsicht. Er handelt als Geschäftsführer ohne die Absicht, Ersatz zu verlangen (§ 685). Ist seine Absicht eine andere, so muß er das zum Ausdruck bringen. A. hat das aber während eines ganzen Jahres nicht getan. Es kommt hinzu, daß B. in absehbarer Zeit nicht in der Lage ist, die Dienste zu vergüten und A. dies weiß. B. hat auch keinen Grund, die Absicht des A. anzuzweifeln, denn unter Verwandten ist eben diese Absicht die zu vermutende. Somit wird A. mit der Klage auf die 1200 M. abzuweisen sein.

Anm. Das Oberlandesgericht Karlsruhe hat sich in einer Entscheidung vom 17. Januar 1902 unter Zugrundelegung der §§ 1601, 685 Abs. 2 dahin ausgesprochen, daß keine Vermutung dafür bestehe, daß Dienste wie Pflege, Wartung und Beköstigung einer Schwester unentgeltlich gewährt worden (s. Zeitschrift „Das Recht", Nr. 14 vom 25. Juni 1902 unter Nr. 1783). Es ist aber immer noch etwas anderes, wenn von vornherein feststeht, daß der Unterstützte nichts hat und wenn er durch einen unerwarteten Zufall Vermögen erlangt, als wenn er in der Lage ist, das Geleistete zu vergüten oder wenigstens nicht ausgeschlossen erscheint, daß er in die Lage kommen wird. Hier ist also ganz nach den Umständen des einzelnen Falls zu entscheiden.

Fall 293.

A. hat dem C. gegenüber ein Schenkungsversprechen nach § 518 abgegeben. Zu dessen Gültigkeit ist gerichtliche oder notarielle Beurkundung erforderlich. Das Vorliegen dieser Formvorschrift ist offenbar anzunehmen, denn sonst wäre ja der Vertrag von vornherein ungültig. Es ist nun nichts darüber gesagt, wann A. das Schenkungsversprechen das erste Mal erfüllt, ob vor oder nach der Heirat. Es ist dies aber unerheblich, es ist überhaupt gleichgültig, ob A. die B. heiratet. Denn das Versprechen ist nicht unter der Bedingung der Heirat abgegeben — in diesem Falle käme es darauf an, ob diese Bedingung, die eine Suspensivbedingung ist, eingetreten ist — sondern nur in der in keiner Weise zum Ausdruck kommenden Absicht, den C. zur Heirat mit der B. zu bewegen. Dieser Wunsch des A. hat rechtlich gar keine Bedeutung. Wenn nun A. im dritten Jahre dem C. erklärt, daß er ihm keine Unterstützung mehr zukommen lassen werde, da er mit seiner politischen Richtung nicht einverstanden sei, so ist das ein unzulässiger Widerruf der Schenkung, denn der Widerruf ist in den gesetzlich bestimmten Fällen der §§ 530 ff. möglich. Ein solcher Fall liegt aber nicht vor. Die Ausführungen der Parteien sind gänzlich verfehlt. Wenn C. behauptet, es liege ein lästiger Vertrag vor, bei dem die Eheschließung die Gegenleistung darstelle, so ist das eben als unrichtig festgestellt worden. Von einer sittlichen Pflicht usw. kann noch viel weniger die Rede sein. Trotzdem muß aber A. auf Grund des Schenkungsversprechens seine Raten weiter zahlen und zwar nach § 520 bis zu seinem Tode.

Anm. Übrigens könnte man das Hinzufügen einer Bedingung, daß jemand heiratet, für den guten Sitten widersprechend halten (§ 138), durch deren Hinzufügung daher das Rechtsgeschäft ungültig werden würde.

Fall 295.

Nach § 518 ist zur Gültigkeit eines Vertrages, durch den eine Leistung schenkweise versprochen wird, gerichtliche oder notarielle Beurkundung nötig. Diese Form ist aber im Sinne des § 518 noch gewahrt, wenn der Schenker das Versprechen in gerichtlicher oder notarieller Form erklärt hat. Die Annahme kann formlos, somit stillschweigend erfolgen (s. auch Rosenthal, Anm. 6 zu § 518).

Wenn daher in dem Vorgang vor dem Gericht eine Beurkundung erblickt werden kann, so ist das Schenkungsversprechen rechtsgültig. Die Schilderung desselben läßt keine bestimmte Annahme zu.

Die Vertretung bei gerichtlichen und notariellen Beurkundungen ist zulässig.

Fall 296.

B. kann nicht durchdringen, denn zwar hat der Vermieter nach § 535 dem Mieter den Gebrauch der vermieteten Sache zu gewähren, während der Mieter zur Entrichtung des Mietzinses, nicht aber zum Einziehen, verpflichtet ist, wenn aber B. dem A. erklärt, daß er die Wohnung nicht beziehen werde, und A. damit einverstanden ist und die Wohnung anderweit vermietet, so wird man wohl darin seitens beider Parteien den Willen erblicken müssen, den Vertrag aufzulösen. Somit kann A. keinen Erfüllungsanspruch mehr geltend machen, wenn ihm in seiner neuen Wohnung das Wohnen unmöglich wird. A. muß die Aufhebung des Vertrages, wenn sie bestritten wird, als eine rechtsvernichtende Tatsache beweisen.

Fall 297.

Anschläge, Preislisten u. dgl. sind im allgemeinen nicht Vertragsanträge, sondern Aufforderungen, solche zu stellen. Je nach Lage des einzelnen Falles kann man häufig annehmen, daß der Inhalt der Offerte sich nach dem Säulenanschlage der Preisliste usw. bestimmt, so daß derartige Angaben bereits für den Vertrag grundlegend sind. Dies kann man insbesondere dann annehmen, wenn in der Offerte auf jene Aufforderung Bezug genommen wird. Im vorliegenden Falle ist mir wahrscheinlich, daß der Mieter des Pferdes, indem er den Mietvertrag schließt, auch die Haftung für Zufall übernimmt, selbst wenn er nicht ausdrücklich auf diese Bedingung hingewiesen worden ist. Denn das Plakat hängt im Reitinstitut selbst, es wird also dadurch dem Mieter unmittelbar und dauernd zum Bewußtsein gebracht, anders als wenn die Ankündigung z. B. nur in einer Zeitung erfolgt wäre. Auch ist es im Verkehr allgemein üblich, zu vereinbaren, daß den Mieter des Pferdes die Gefahr des zufälligen Untergangs trifft.

Zur juristischen Konstruktion: Nach § 556 hat der Mieter nach Beendigung des Mietverhältnisses die Sache zurückzugeben, wie er sie empfangen hat (vorbehältlich § 548). A. hat ein unverletztes Pferd erhalten, muß es also unverletzt zurückgeben. Das kann er nicht; die Erfüllung, wozu neben der Zinszahlung die Rückgabe gehört, ist ihm unmöglich. Hat er diese Unmöglichkeit zu vertreten? Ja, denn er hat die Haftung für Zufall übernommen. Nach §§ 280, 325 haftet er daher auf Schadensersatz. Gleichgültig ist also, ob A. den Schlag hätte abwenden können. Auch wenn er es nicht konnte, mußte er haften.

Auch der Eigentümer des Pferdes, welches das Pferd des Inhabers des Reitinstituts geschlagen hat, haftet diesem auf Schadensersatz nach § 833. Eigenes Verschulden ist hierbei allerdings nicht ohne Einfluß (§ 254). A. kann ehe er zahlt, vom Eigentümer des Reitinstituts nach § 255 Abtretung der Ansprüche gegen den Eigentümer des fremden Pferdes verlangen. Der Fall ist genau zu erörtern. Ich gebe nur Anregungen.

Fall 299.

B. beruft sich auf § 542. Danach kann der Mieter, wenn ihm der vertragsmäßige Gebrauch der gemieteten Sache wieder entzogen wird, ohne Einhaltung einer Kündigungsfrist das Mietverhältnis kündigen. Dies tut B. hier, indem er auf den Vorschlag des A. nicht eingeht und eine teuerere Wohnung mietet. Nach § 542 Abs. 1 Satz 3 ist die in Satz 2 cit. geforderte Fristsetzung hier nicht notwendig. Das Erbieten des A. braucht B. von seinem Standpunkt aus nicht anzunehmen, wenn auch die neue Wohnung der alten vollständig entspricht. Die Erlangung der gesundheitspolizeilichen Genehmigung ist allerdings ein von A. zu vertretender Umstand im Sinne des § 325. Demgemäß wäre B. berechtigt, Schadensersatz wegen Nichterfüllung zu fordern (vgl. auch § 280). Insoweit hat B. recht. Indessen hat bei Entstehung des Schadens insofern ein Verschulden des Beschuldigten mitgewirkt, als derselbe, nämlich B., die zweite Wohnung des A. nicht bezogen hat. Der Schaden ist nicht nur vorwiegend, sondern fast vollständig durch das Verhalten des B. entstanden. Nach § 254 ist daher eine Schadensersatzpflicht des A. zu verneinen. Dieser Anwendung des § 254 dürfte nichts entgegenstehen. Man könnte übrigens auch auf Grund des § 249 zu einem Resultat kommen. Danach hat, wer Schadensersatz leistet, den früheren Zustand wieder herzustellen. Es ist nun unbedenklich, die Überlassung der ganz gleichen Wohnung seitens des A. an B. als Wiederherstellung dieses Zustandes aufzufassen. Da A. dieselbe nicht annimmt, so kann er weitere Ansprüche nicht geltend machen.

Anm. Am Schluß liegt ein Druckfehler vor, indem es anstatt: „Er verlangt nunmehr von A. Schadensersatz" heißt: „Er verlangt nunmehr von B. Schadensersatz".

Fall 300.

Es liegt zunächst eine Unmöglichkeit der Leistung beim Vertragsschluß vor (§ 308). Doch ist deren Aufhebung möglich. Wenn A. die von ihm an B. vermietete Wohnung nach dem Vertrage erst zum Gastwirtschaftsbetriebe einzurichten hat und dies am 1. April 1900 noch nicht geschehen ist, so wird dem A. dadurch der vertragsmäßige Gebrauch der gemieteten Sache nicht rechtzeitig gewährt. Nach § 542 hat daher A. ein sofortiges Kündigungsrecht. Gemäß § 542 Abs. 1 Satz 2 hat nun der Mieter A. dem Vermieter B. 14 Tage Frist — also eine angemessene Frist — gesetzt, um Abhilfe zu schaffen. Diese ist aber erfolglos verstrichen, da B. infolge Ablehnung seines Gesuchs um Konzessionserteilung die Mietwohnung nicht in den vertragsmäßigen Zustand hat bringen können. Somit ist A. am 20. April zur Kündigung berechtigt. Nach § 543 Abs. 2 ist im Falle der Kündigung nach § 542 der bereits im voraus gezahlte Mietzins nach § 347 oder wenn die Kündigung infolge eines von B. nicht zu vertretenden Umstandes erfolgt ist, nach § 812 zurückzuzahlen. Die Rückzahlungspflicht des B. ist also zweifellos. Fraglich ist nur, welche Vorschrift anzuwenden ist. A. ist nicht schuld am Rücktritt, wohl aber B. Deshalb scheint mir § 812 anwendbar.

Die Behauptungen des B. sind unrichtig.

Wenn B. insbesondere behauptet, das Hindernis habe nur kurze Zeit bestanden usw., so ist das offenbar unrichtig; denn der Tatbestand zeigt zur Genüge, daß für A. kaum mehr daran zu denken ist, die Konzession zu erlangen. § 542 Abs. 2, auf den sich B. damit zu berufen scheint, ist also m. E. nicht anwendbar.

Fall 301.

Es liegt der Tatbestand des § 542 vor. Einer Fristsetzung im Sinne des § 542 Abs. 2 Satz 2 bedarf es hier nach Satz 3 nicht, da die Bestimmung einer Frist für A. bei der Kürze der Zeit kein Interesse mehr hat. Nach § 542 ist also A. zur sofortigen Kündigung berechtigt. Nun fordert A. außerdem Abnahme der Pferde, d. h. Schadensersatz. Damit stützt er sich auf die ergänzend eingreifenden allgemeinen Vorschriften über die nachträgliche Unmöglichkeit der Leistung. Letztere gewährt ihm aber nach § 323 kein Recht auf Schadensersatz, wenn die Leistung dem B. infolge eines Umstandes, den er nicht zu vertreten hat, unmöglich geworden ist. Ein solcher liegt nun auch hier vor, denn die Besetzung des Stalles durch Militär konnte B. nicht verhindern. Diese Besetzung beruht auf dem Quartierleistungsgesetz vom 25. Juni 1868. Somit steht dem A. kein Recht auf Schadensersatz zu. Anzuerkennen ist aber m. E. hier auch die gegenteilige Ansicht, daß B. die Unmöglichkeit der Erfüllung nach § 535 unbedingt zu vertreten hat. Man wird dies je nach Lage des Falles beurteilen müssen. Konnte z. B. B. die Einquartierung erwarten, so handelt er wider Treu und Glauben, wenn er den Mieter nicht darauf hinwies. Er muß dann nicht nur den Rücktritt des A. dulden, sondern auch Schadensersatz leisten. Der Fall bedarf genauer Erörterung.

Fall 303.

Es liegt zunächst eine Unmöglichkeit der Leistung bei Abschluß des Vertrags vor, diese kann aber möglicherweise gehoben werden (§ 308). Aus den Verhandlungen der Parteien vor Abschluß des Vertrags ergibt sich, daß sie die Beschaffung der polizeilichen Genehmigung zum Fabrikbetrieb als eine selbstverständliche Voraussetzung des Geschäfts betrachten. Wenn daher A. am 1. April 1900 einstweilen die Mieträume bezieht, ohne daß diese Genehmigung gegeben ist, ohne daß also der Vertrag erfüllt ist, so tut er dies nur in der Voraussetzung, daß die Genehmigung noch erfolgen wird (§§ 157, 133). Daß auch B. diese Auslegung des Vertrags anerkennt, zeigt er, indem er mit A. vereinbart, daß er die Genehmigung der Polizei bis 1. Januar 1901 zu beschaffen habe. Darin ist eine Fristsetzung im Sinne des § 542 Abs. 1 Satz 2 zu erblicken, die hier durch Vereinbarung erfolgt. Die Frist ist angemessen. Hierauf verlängert A. die Frist bis 1. März. War A. nach § 542 schon am 15. Januar zur Kündigung berechtigt, so ist er es um so mehr am 1. April. Nach dem obigen ist der Mietvertrag dadurch als von Anfang an aufgehoben zu betrachten. Da A. die Fabrikräume zum Betrieb einer Eisengießerei gemietet hat, sie ihm aber nicht im vertragsmäßigen Zustande gewährt worden sind, so hat er auch keine Verpflichtung zur Zahlung von Mietzins. Wenigstens hat er auf Grund des Mietvertrags nichts zu zahlen, höchstens auf Grund einer ungerechtfertigten Bereicherung, die man vielleicht darin erblicken könnte, daß A. dadurch, daß er selbst in der Mietwohnung gewohnt hat, etwas erspart hat. Dieser Wert wird sich aber wahrscheinlich durch den ihm zugefügten Schaden mindestens ausgleichen. B. kann also kein Pfandrecht im Sinne des § 559 geltend machen. A. dringt dagegen mit seiner Klage durch und B. ist zu verurteilen, den Auszug des A. zu dulden und die Auflösung des Vertrags anzuerkennen. Seine Einwendungen sind zu verwerfen. A. hat den Mangel der Sache zwar gekannt, er hat sich aber für den Fall der Nichtbeseitigung des Mangels seine Rechte vorbehalten (§§ 539, 464 verb. mit § 543). Die Konzessionserteilung am 5. April hat für A. keine Bedeutung mehr, da das Mietverhältnis schon am 1. April geendet hat.

Die Klage ist teils Feststellungsklage (das Erlöschen des Mietverhältnisses wird festgestellt), teils Leistungsklage (Klaggrund: Eigentum an den Invekten und Illaten, oder Besitzstörung). Für die Feststellungsklage ist hier das erforderliche rechtliche Interesse des § 256 ZPO. vorhanden.

Fall 305.

Aus §§ 536, 548 geht hervor, daß der Mieter für Beschädigungen der Mietsache haftet, die über die vertragsmäßige Abnutzung hinausgehen. Er haftet also für das, was durch sein oder seiner Leute Verschulden beschädigt wird. Wenn nun der Mieter den Inhaber des Transportgeschäfts mit dem Transport seiner Möbel beauftragt, so besteht zwischen ihm und dem ersteren ein Werkvertrag. Aus diesem haftet der Geschäftsinhaber dem Mieter für das Verschulden seiner Leute gemäß § 278 aus dem Vertrag und zugleich gemäß § 831 aus Delikt. Dagegen fragt sich, ob auch der Mieter dem Vermieter für das Verschulden dieser Leute haftet. Hier läßt sich § 831 verbunden mit § 278 ebenfalls anwenden. Der Mieter hat nach § 556 die Verpflichtung, die Wohnung zurückzugeben und zu räumen. Der Mieter hat, um dieser nachzukommen, den Geschäftsinhaber zu einer Verrichtung bestellt. Dieser hat wieder seine Leute hierzu bestellt. Der Mieter haftet also nach § 831. Allerdings kann sich der Mieter durch den Nachweis des § 831 Abs. 1 Satz 2 von der Deliktshaftung befreien. Dann haftet der Geschäftsinhaber dem Vermieter zugleich mit seinen Leuten. Befreit sich auch dieser durch den Nachweis des § 831 Abs. 1 Satz 2, so haften nur noch dessen Leute. Dagegen kann sich der Mieter m. E. nicht von der Vertragshaftung nach § 278 befreien. Seine Haftung bleibt also in jedem Falle bestehen.

Anm. Liszt (Deliktsobligationen S. 105) setzt die §§ 278 und 831 in ein Verhältnis, wonach sie sich ausschließen.

Fall 306.

Nach § 547 Abs. 2 Satz 2 kann der Mieter eine Einrichtung, mit der er die Sache versehen hat, wegnehmen. Die neuen Tapeten und der Telegraphendraht gehören zu diesen Einrichtungen, weshalb A. zur Wegnahme berechtigt ist. A. hat nun diese Gegenstände zwar nicht weggenommen, wohl aber hat er sie zerschnitten. Dafür braucht er im allgemeinen keinen Ersatz zu leisten. Indessen muß er nach § 258 für die durch die Beseitigung der zerschnittenen Gegenstände entstehenden Kosten Ersatz leisten. Zur Beseitigung ist A. nach § 536 auch verpflichtet, da sich die Wohnung mit den zerschnittenen Tapeten nicht in einem zum vertragsmäßigen Gebrauch geeigneten Zustande befinden würde.

Fall 307.

Wenn A. am 1. Oktober nicht in die Mietwohnung einzieht, weil ihm dieselbe nicht behagt, so entsteht deshalb noch kein Pfandrecht des Vermieters an den schon vorher darin gewesenen Sachen des Mieters. Zur Geltendmachung eines Pfandrechts im Sinne des § 559 gehört, daß der Mieter den fälligen Mietzins nicht gezahlt hat. Dieser ist nun nach § 551 im Zweifel am Ende der Mietzeit zu zahlen (wenn auch in der Praxis die gegenteilige Vereinbarung die Regel bildet). Hier steht aber noch nicht einmal fest, ob A. den Mietzins zahlen wird, wenn es auch unwahrscheinlich ist. Jedenfalls ist er zur Zeit der Einbringung und Fortschaffung der Sachen nicht fällig. Somit ist B. mit der Klage auf Einräumung des Besitzes der eingebrachten Sachen abzuweisen. Außerdem hat letzteres deshalb zu geschehen, weil nach § 559 Satz 3 ein solches Pfandrecht hier gar nicht entstehen könnte, denn die genannten Sachen sind der Pfändung nicht unterworfen (§ 811 ZPO.).

Fall 308.

Die Hauptfrage ist die: Liegt in der Vereinbarung vom 30. Juni 1905 ein neuer Vertrag. — Dieser war nach § 566 schriftlich abzuschließen, da auf länger als ein Jahr — oder handelt es sich nur um eine Abänderung des bereits schriftlich abgeschlossenen Vertrags. Meines Erachtens ist letzteres der Fall. Es wird also die Vertragsklausel über die stillschweigende Verlängerung durch die Vereinbarung, daß B. bis zum 1. Oktober 1907 wohnen bleiben dürfe, dahin abgeändert, daß die stillschweigende Verlängerung nur für zwei Jahre Platz greifen soll. Es liegt also nur eine Herabsetzung der in dem alten Vertrag bestimmten Mietzeit vor. Diese vertragsmäßige Herabsetzung ist meines Erachtens auf Grund von § 566 auch mündlich für bindend zu erachten, denn danach bedarf nur die Schließung, nicht aber die Änderung des Vertrags, insbesondere die Herabsetzung der Mietzeit, der schriftlichen Form. Wenn B. ferner nicht ausziehen will, weil A. ihm nicht gekündigt habe, so ist darauf zu erwidern, daß in der mündlichen Abrede zugleich eine rechtzeitige Kündigung des Mietvertrags für 1. Oktober 1907 zu erblicken ist. Die Kündigung ist eben in der Vereinbarung vom 30. Juni 1905 enthalten.

Den § 226 (Schikaneverbot) zu Hilfe zu nehmen, scheint mir danach nicht notwendig.

Fall 310.

Die vorliegende Vereinbarung ist an eine sog. Potestativbedingung geknüpft, d. h. an eine Bedingung, deren Eintritt in das Belieben des Berechtigten gestellt ist. Die Bedingung ist nun eingetreten. A. hat verkauft und der Mietvertrag mit B. ist damit am 1. April aufgelöst. B. ist daher zur Räumung nach dem Vertrage verpflichtet. Er beruft sich demgegenüber auf § 138, aber mit Unrecht, denn durch die Übernahme der Verpflichtung zum Ausziehen für den Fall, daß der Verkauf erfolgt, wird die Willensfreiheit des B. keineswegs in einer vom Gesetze nicht gewünschten Weise beschränkt. B. muß daher nach dem Verkaufe des Hauses räumen. Eine weitere Frage ist dabei die, ob C., der Käufer, diese Räumung selbst verlangen kann, oder ob nicht vielmehr nur A. auf dieselbe klagen kann. Das erstere ist anzunehmen, denn C. tritt nach § 571 in die Rechte und Verpflichtungen des A. ein. Er hat also ein Recht, die Räumung zu verlangen. Daß A. auf sein Recht nicht verzichtet hat, geht daraus hervor, daß er dem B. den Verkauf anzeigt.

Fall 311.

Zwischen A. und B. besteht ein Leihvertrag im Sinne des § 598. Danach gestattet A. dem B. den Gebrauch des Ringes unentgeltlich auf drei Monate. A. bleibt aber Eigentümer des Ringes. Wenn nun B. den Ring versetzt, so schließt er damit mit einem Dritten — wahrscheinlich dem Leihhaus — einen Pfandvertrag im Sinne der §§ 1204 ff. ab. Hier finden, da die Sache nicht dem Verpfänder gehört, bezüglich der Wirksamkeit des Vertrags nach § 1207 die für den Erwerb des Eigentums geltenden Vorschriften der §§ 932, 934, 935 entsprechende Anwendung. Da der Dritte im Zweifel gutgläubig ist, erwirbt er also ein gültiges Pfandrecht. Dagegen bleibt A. Eigentümer des Ringes. Als solcher ist er aber im Konkurse des B. aussonderungsberechtigt (§ 43 KO.). Demgegenüber hat der Verwalter C. keinen Anspruch. Er erfüllt, ohne es zu wissen, eine Verbindlichkeit des Gemeinschuldners B., indem er den Ring einlöst (zu beachten § 687). C. muß also den Ring an A. herausgeben, ohne daß er Erstattung von 300 M. beanspruchen kann.

Fall 312.

Der von A. ausgestellte Schuldschein enthält ein Schuldanerkenntnis dahingehend, daß A. bekennt, dem B. 100 M. zu schulden (§ 781). Wenn es nun heißt, B. erhält darauf von C. 50 M., so ist nicht ganz bestimmt aus der Aufgabe zu ersehen, was zwischen B. und C. für ein Rechtsgeschäft vorliegt. Da A. dem B. erlaubt hat, sich mit dem Schuldschein Geld zu verschaffen, wird wohl eine Abtretung unter Übergabe des Schuldscheins vorliegen. Ob sich diese nur auf 50 M. bezieht oder nicht, ist nicht zu ersehen. Aus dieser Abtretung erwirbt C. einen Anspruch gegen A. Ob dieser auf

50 M. oder 100 M. geht, hängt davon ab, wieviel B. von seiner Forderung gegen A. an C. abgetreten hat.

Fall 318.

Nach § 607 Abs. 2 ist die vorliegende Vereinbarung, wonach A., der Schuldner aus dem Auftrage, die 100 M. als Darlehn behalten soll, gültig. Es liegt daher kein Grund vor, weshalb B. nicht die Darlehnsklage sollte anstellen können. Zinsen kann B. nicht fordern, da solche nicht vereinbart sind. Aus § 608 ergibt sich, daß das Darlehn im Zweifel unverzinslich ist, während allerdings im Leben die Zinsvereinbarung die Regel bildet, da der Darlehnsgeber selbst das Darlehn meistens nicht aus Gefälligkeit, sondern gerade deshalb gibt, weil er sein Kapital gut verzinsen will.

Fall 319.

In der Hingabe des Darlehns seitens des A. an C. liegt eine Geschäftsführung ohne Auftrag im Sinne der §§ 677 ff. Eine solche stellt sich dem Dritten gegenüber dar als Vertragsschluß eines Vertreters ohne Vertretungsmacht. Die §§ 677 ff. regeln nur das innere Verhältnis zwischen dem Vertretenen und Vertreter. Das Verhältnis zwischen den beiden Genannten einerseits und dem Dritten andrerseits regeln die §§ 177 ff. § 177 kommt hier in Betracht, da der Vertretene, der B., die Klage gegen den Dritten, den C., anstellt. Zunächst fragt sich, ob B. zum Abschluß des Vertrags seine Genehmigung erteilt hat. Das ist zu bejahen, und zwar liegt die Genehmigung darin, daß er die Klage aus Darlehn anstellt. Dieses ist im Zweifel jederzeit fällig. Der Vertrag ist also nach § 177 gültig. Ob B. daraus ohne weiteres klagen kann, wird davon abhängen, ob C. wußte, daß A. Geschäftsführer sei, also ob A. dem C. mitgeteilt hat, daß er für B. handle. Dann hat er als offener Stellvertreter gehandelt und C. muß daher den B. als seinen Gegner ansehen. Hat aber A. als stiller Stellvertreter gehandelt, dann ist die Frage, ob B. unmittelbar aus Darlehn klagen kann, bestritten (vgl. Kuhlenbeck, Anm. 3 zu § 164).

Eine Klage gegen C. hat B. meines Erachtens, wenn er nicht genehmigt, auf jeden Fall, nämlich die Bereicherungsklage nach § 812, weil dann C. „in sonstiger Weise" auf Kosten des B. ohne Grund bereichert ist.

Fall 321.

Wenn B. dem A. die Uhr zum Verkaufe übergibt, damit A. den Erlös als Darlehn behalte, so liegt ein Vertrag im Sinne des § 607 Abs. 2 vor. Es fragt sich, ob B. dadurch bereits das Eigentum an der Uhr an A. überträgt, wie es bei Übergabe der Darlehnsvaluta erforderlich ist. Das kommt hier ganz auf den Willen der Parteien an. Meines Erachtens ist hier, wie vielfach in Zweifelsfällen dieser Art, aus den Umständen zu folgern, ob der Wille des B. bei Übergabe der Uhr an A. auf Besitzübergabe zum Zwecke der Eigentumsübertragung ging und A. die Uhr in der Absicht, Eigentum zu erwerben, annahm. Ich möchte es bejahen. Somit trägt A. von der Übergabe an die Gefahr (casum sentit dominus). Das Verhältnis der Parteien ist nun derart, daß A. dem B. in der Zeit bis zur Erlangung des Darlehns die Uhr schuldet und von dieser an das Geld. Wenn also dem A. die Uhr vor Erlangung des Darlehns gestohlen wird, so haftet A. dafür. A. hat daher dem B. Schadensersatz für die Uhr zu leisten. Dieser bestimmt sich nach den allgemeinen Vorschriften der §§ 249 ff. Er wird, da der frühere Zustand nicht wieder herzustellen ist, in Gelderſatz bestehen und dieser in Ersatz des Wertes der Uhr. Da die Parteien sie auf 100 M. abgeschätzt haben, so hat A. diese zu ersetzen (vgl. Matthiaß, Bd. 1, S. 514).

Fall 322.

Zwischen dem Vater des Knaben und der Wärterin besteht ein Dienstvertrag im Sinne der §§ 611 ff. Bei dessen Erfüllung haben die Parteien nach § 276 Fahrlässigkeit zu vertreten. Hier liegt aber nicht nur eine gewöhnliche, sondern eine sog. grobe Fahrlässigkeit vor. Demnach haftet die Wärterin dem Vater des Knaben um so mehr. Sie hat nach §§ 249 ff. Schadensersatz wegen mangelhafter Vertragserfüllung zu leisten.

Dagegen kann der Vorstand des Krankenhauses von der Wärterin nicht Erstattung der Verpflegungskosten verlangen, sondern nur von dem Vater, denn dieser hat nach §§ 1627 ff. die Unterhaltungspflicht, und die Verpflegung gehört zum Unterhalt.

Derjenige, welcher den Knaben ins Krankenhaus gebracht hat, erscheint als Geschäftsführer ohne Auftrag des Vaters. Der Vater muß diese Geschäftsführung genehmigen (§ 679). Die Wärterin steht zum Vorstand in keinem rechtlichen Verhältnis.

Fall 323.

Es ist nicht ohne weiteres klar, unter welche Art von Verträgen der vorliegende zwischen A. und C. abgeschlossene zu rechnen ist. Ist es ein Mäklervertrag nach §§ 652 ff.? Das ist zu verneinen, weil es sich nicht um den Nachweis einer Gelegenheit zum Abschluß eines Vertrages handelt. Vielleicht könnte man Werkvertrag annehmen. Ich sage so: Es liegt überhaupt kein benannter Vertrag vor, sondern ein gewöhnlicher gegenseitiger. Die Frage ist nun die, wie derselbe auszulegen ist. A. kann sich vielleicht darauf berufen, daß C. nach § 157 einen Abzug von der Forderung nicht verlangen kann. Meines Erachtens widerspricht es indessen noch nicht dem, was Treu und Glauben mit Rücksicht auf die Verkehrssitte verlangen, wenn C. den Vertrag so auslegt, daß er auch selbst der Nachgewiesene sein kann. Vielleicht geht die Absicht der Parteien, insbesondere auch des C. in erster Linie dahin, daß A. befriedigt wird und zwar durch einen Schuldner des B. Daß C. zufällig dieser Schuldner ist, ist dem A. gleichgültig. Hätte er den Vertrag mit C. nicht abgeschlossen, so hätte A. voraussichtlich nichts erhalten. Eine Verpflichtung des C., sich dem Gläubiger A. als Schuldner des B. anzugeben, bestand nicht. Der Vertrag ist also meines Erachtens gültig. C. kann eine Vergütung verlangen. In welcher Weise wird nun die Sache geordnet? C. schlägt vor, A. solle die Forderung des B. gegen ihn, den C., pfänden und sich überweisen lassen. Darin liegt ein Übergang der Forderung auf A. C. muß an A. zahlen (§§ 829, 835 ZPO.). Infolge der Vereinbarung zwischen A. und C. kann aber A. nicht die ganzen 600 M. einziehen, sondern eben nur einen Teil. Den anderen Teil muß er dem C. überlassen. Das kann z. B. im Wege der Abtretung geschehen. Die Höhe des Abzugs bestimmt sich nach § 157. Welche Stellung hat C. jetzt gegenüber B.

Fall 325.

Wenn es heißt, A. habe den Inseratenteil entgeltlich dem B. überlassen, so könnte man zunächst annehmen, daß darin ein gewöhnlicher Mietvertrag liegt. Das ist aber deshalb zu verneinen, weil nicht nur der bloße Gebrauch beabsichtigt ist. Denn an den Inseraten hat zwar in erster Linie B. ein Interesse, aber auch für A. sind sie von Wichtigkeit, weil sie zur Verbreitung der Zeitung beitragen. A. kann also verlangen, daß B. wirklich Inserate drucken läßt. B. kann nicht etwa den Pauschalbetrag zahlen und den Inseratenteil unbenutzt lassen. Es ist sonach nicht nur ein Gebrauch der Sache seitens des A., sondern noch eine besondere Tätigkeit, das Einrücken der Annoncen beabsichtigt. Deshalb dürfte Werkvertrag anzunehmen sein (vgl. Rosenthal, Anm. 1 zu § 631).

Fall 326.

Der Vertrag zwischen dem Kläger und dem Bilderhändler ist ein Werkvertrag (§§ 631 ff.). Wenn die Beklagte geltend macht, es sei vereinbart worden, sie solle mindestens zweimal zu dem Porträt sitzen, so wäre das, wie Kläger ganz richtig hervorhebt, nur dann wesentlich, wenn durch das Sitzen das Bild noch besser geworden wäre. Das ist nicht unbedingt notwendig, aber wahrscheinlich. Deshalb dürfte Kläger beweispflichtig sein. Wenn also Kläger durch Sachverständige beweist, daß das Sitzen bei dem verabredeten Preise auf den Erfolg ohne Einfluß gewesen wäre, so muß Beklagte die vollen 250 M. zahlen. Beweist Kläger dies nicht, so kann die Beklagte die aus mangelhafter Erfüllung des Werkvertrages hervorgehenden Rechte geltend machen. Welches sie hier wählt, läßt die Aufgabe unbestimmt.

Wenn Kläger behauptet, die Beklagte könne für den bedungenen Preis ein besseres Porträt nicht verlangen, so ist das ganz unwesentlich, denn die Beklagte hat ja nicht behauptet, daß das Bild dem Preise nicht entspreche, sondern nur, daß es durch das zweimalige Sitzen also durch die vertragsmäßige Ausführung besser werde oder wenigstens besser werden könne. Es kommt also nur auf diesen letzteren Punkt an.

Fall 328.

Da der Schneider B. den Frack aus einem von ihm zu beschaffenden Stoffe herstellt, so ist der vorliegende Werkvertrag ein solcher im Sinne des § 651. Auf ihn finden die Vorschriften des Kaufes Anwendung. Hier gilt aber § 651 Abs. 1 Satz 3, da der Frack, wie sich aus den Umständen ergibt, vermutlich nach Maß gearbeitet ist. Er ist deshalb eine nicht vertretbare Sache. Gerade für die Mängelhaftung gelten aber nach § 651 Abs. 1 Satz 3 die Grundsätze über den Werkvertrag. Nach § 634 muß also A. dem B. zur Reparatur eine angemessene Frist setzen. Erst nach deren erfolglosem Ablauf kann er die Wandelung geltend machen. Das Schreiben des A. an B., wonach A. den Frack nicht gebrauchen kann, enthält nun die Mitteilung, daß A. den Kauf rückgängig machen, also wandeln wolle. Dazu ist er nach § 634 nicht ohne weiteres berechtigt. Daher kann B. die Fristsetzung meines Erachtens auch nach Ablauf eines Jahres noch verlangen. A. hat sie eben vergessen, wie in der Praxis häufig. Der Laie kennt die Vorschrift wenig. Wenn also A. auf die Klage des B. hin Wandelung verlangt, so ist das auch jetzt noch verfrüht, denn es fehlt eben die Fristsetzung. Die Frist kann ja während des Prozesses noch gesetzt werden, wie es in der Praxis häufig geschieht. Vorauszusetzen ist natürlich, daß wirklich Mängel vorliegen.

Wie steht es nun mit dem Zurückbehalten des Fracks? Zugegeben mag werden, daß es für A. zum Beweise der Mängel wohl noch andere Mittel als das Zurückbehalten geben mag. Auch wäre A. infolge der Wandelung nach § 346 Satz 1, wenn B. damit einverstanden gewesen wäre, zur Rückgabe verpflichtet. Da aber B. den Frack nicht herausverlangt und damit in die Wandelung nicht gewilligt hat, kann ihn A. meines Erachtens ruhig in Verwahrung behalten. Darin, daß B. auf die Mitteilung von der fristlosen Wandelung ein Jahr lang nicht erwidert, ist andererseits kein Einverständnis mit derselben zu erblicken. Der Wille des B. bleibt eben unbestimmt. Er tritt erst nach Ablauf eines Jahres hervor. Denn wenn B. nach Ablauf eines Jahres auf Zahlung des Preises klagt, so sagt er damit, daß er die fristlose Wandelung nicht gelten läßt und daß er überhaupt keine Mängel zugibt. A. macht nun diese Mängel im Wege der Einrede geltend und ververlangt Wandelung. Auch jetzt kann er das aber nicht ohne weiteres, sondern nur nach erfolgloser Fristsetzung. Auch für die Minderung gilt § 634 (vgl. hierzu Rosenthal, Anm. 28 zu § 651).

Fall 330.

Der Vertrag zwischen B. und A. ist ein Werkvertrag. A. hat, wie nicht bestritten sein soll, den Schornstein im dritten Monat mangelhaft gekehrt, daher könnte B. nach §§ 634, 635 gegen ihn vorgehen, indem er ihm zunächst eine Frist zur Beseitigung des Mangels setzt und bei erfolglosem Ablauf der Frist Wandelung oder Minderung fordert, oder indem er außerdem Schadensersatz wegen Nichterfüllung verlangt. Darin, daß B. dies nicht sofort tut, sondern den zunächst vereinbarten Preis für das dritte Quartal zahlt und den C. beauftragt, liegt gegenüber A. ein Verzicht. B. ist daher keinesfalls berechtigt, nachdem A. im vierten Quartal wieder mangelfrei geleistet hat, nachträglich 4 M. von der dritten Rate in Abzug zu bringen. Auch von der Vergütung für das vierte Quartal kann B. nichts abziehen, weil die Fristsetzung des § 635 fehlt. Die Beauftragung des C. ist nach § 633 Abs. 3 zulässig.

Fall 331.

Der Vertrag zwischen A. und dem Maler ist ein Werkvertrag im Sinne der §§ 631 ff. Nach § 644 trägt der Unternehmer — das ist hier B. — bis zur Abnahme des Werkes die Gefahr. Gleichgültig ist also, daß sich das Bild zufällig im Hause des Bestellers A. befindet. A. hat also das Recht auf Lieferung eines neuen Bildes.

§ 644 geht also den §§ 323 ff. vor. Man kann nicht sagen, es liegt eine unverschuldete Unmöglichkeit der Leistung vor, so daß der Gläubiger A. den Anspruch auf Anfertigung eines neuen Bildes verliert (anders im Fall 245).

Fall 332.

Nach § 656 wird dadurch, daß die A. dem B. für den Nachweis der Gelegenheit zur Eingehung einer Ehe einen Lohn von 1000 M. verspricht, eine Verbindlichkeit zur Zahlung dieser 1000 M. für die A., auch nachdem sie sich mit C. verlobt hat, nicht begründet. Doch kann die A. nach § 656 Abs. 1 Satz 2 die einmal gezahlten 1000 M. nicht zurückfordern (ähnlich bei Spiel und Wette, sog. unvollkommene Verträge, vgl. Rosenthal, Anm. 7 zu § 656). Auch die Auflösung der Verlobung berechtigt sie hierzu nicht, da sie auf ihre Veranlassung erfolgt ist. Es wäre gegen die guten Sitten, wenn sie jetzt die 1000 M. zurückfordern wollte.

Fall 334.

Es handelt sich um eine Auslegungsfrage. A. hat ein ganzes Los Nr. 310 genommen. Für dieses kann er, wenn eine in Deutschland staatlich konzessionierte Lotterie vorliegt, den Beitrag entweder auf einmal im voraus oder in vier Raten zahlen, von denen jede ein Viertel des Ganzen beträgt. Wenn A. wünscht, an dem Lose gegen Zahlung des Beitrags zur Hälfte beteiligt zu werden und B. damit einverstanden ist, so schließen die Parteien damit einen Gesellschaftsvertrag im Sinne der §§ 705 f. Wenn nun B. den Beitrag für die zweite Klasse nicht bezahlt, so kommt er damit seinen Verpflichtungen aus dem Gesellschaftsvertrage nicht nach, denn er will ja die Hälfte des ganzen Loses mitspielen. Darauf mußte sich A. unbedingt äußern. Darin, daß er es nicht tut, ist eine Stundung zu erblicken (§§ 133, 157). A. ist also damit einverstanden, daß der Beitrag dem B. einstweilen gestundet wird und kann sich später nicht darauf berufen, daß B. durch Nichtzahlung des Anteils an den Einsätzen in den späteren Klassen seines Teilnehmerrechts verlustig gegangen sei. Damit behauptet A., daß durch die Nichtzahlung der späteren Raten stillschweigend eine Auflösung der Gesellschaft herbeigeführt worden sei. Eine solche liegt aber nicht vor, vielmehr kann das Stillschweigen des A. nur als Stundung im obigen Sinne angesehen werden. B. ist nur mit seinem Gesellschaftsbeitrag im Rückstande. A. hat also gegen B. zwar den Anspruch auf Nachzahlung der Beiträge für die zweite bis vierte Klasse nebst Zinsen, dagegen hat er die Hälfte des Gewinnes an B. herauszugeben. Bis zur Zahlung seitens des B. hat allerdings A. ein Zurückbehaltungsrecht im Sinne des § 273 an dem Gewinn. Einfacher ist es, wenn er die Gewinnhälfte unter Abzug der fehlenden Beiträge und Zinsen an B. auszahlt. Betreffs der Beiträge würde dann eine Aufrechnung vorliegen.

Fall 336.

Nach § 552 wird B. durch einen in seiner Person liegenden Grund von der Mietzinszahlung nicht befreit. Er muß also, wenn A. vom 1. April 1900 ab die Wohnung zwei Jahre leer stehen läßt, trotzdem den Mietzins zahlen. A. antwortet nun dem B. nichts auf seine Rücktrittserklärung, sondern vermietet vom 1. Oktober ab weiter, während er vom 1. September ab dem C. erlaubt, unentgeltlich zu wohnen. Es fragt sich, ob er damit sein Einverständnis mit der Aufhebung des Vertrags erklärt. M. E. erklärt er sein Einverständnis hiermit vom 1. September an. Richtig ist, daß A. die Wohnung so lange, als er Mietzins verlangt, zur Verfügung halten muß, also bis 1. Oktober. Auch wenn B. erklärt hat, er wolle die Wohnung nicht beziehen, scheint mir dies erforderlich. Danach würde man den Mietvertrag wohl bereits am 1. September 1900 für aufgelöst ansehen können. Die Frage wegen des Überschusses überlasse ich einstweilen dem Leser.

Fall 338.

Die öffentliche Aussetzung einer Belohnung durch die Eltern des Kindes ist eine Auslobung im Sinne des § 657. Zur Zahlung der Belohnung werden die Eltern auch dann verpflichtet, wenn der A. nicht mit Rücksicht auf die Auslobung gehandelt hat, weil diese eine sog. nicht empfangsbedürftige Willenserklärung ist (vgl. Rosenthal, Anm. 1 von § 116). Es ist daher auch gleichgültig, ob A. erst nachträglich Kenntnis von der Auslobung erlangt hat (vgl. Rosenthal, Anm. 1 zu § 657).

Ersatz der Reisekosten müssen die Eltern auf Verlangen ebenfalls zahlen, weil eine Geschäftsführung ohne Auftrag vorliegt, die die Eltern genehmigt haben (§ 683 verbunden mit 684 Satz 2).

Fall 339.

Zwischen A. und C. besteht ein Verwahrungsvertrag nach §§ 688 f. Auf Grund desselben ist C. dem A. zur Rückgabe der Uhr an und für sich verpflichtet, auch wenn A. die Uhr gestohlen hat. Dem B. kann C. aber die Uhr unbedenklich herausgeben, weil er der Eigentümer ist (§ 985, ZPO. §§ 72, 76). Oder hätte C. die Uhr nach § 372 Satz 2 hinterlegen sollen? Dazu liegt wohl kein genügender Grund vor. Denn eine Ungewißheit über die Person des Gläubigers liegt nicht vor, zumal C., wie ich annehme, vom Diebstahl Kenntnis hat.

Fall 340.

Zwischen A. und B. besteht ein Verwahrungsvertrag im Sinne der §§ 688 f. B. haftet aus demselben nach § 690, wenn die Aufbewahrung unentgeltlich übernommen worden ist, nur für diejenige Sorgfalt, die er in eigenen Angelegenheiten anzuwenden pflegt. Die Aufgabe sagt nichts darüber, ob die Verwahrung hier unentgeltlich war. Auch die Umstände (§ 689) ergeben noch nichts. Liegt Entgeltlichkeit vor, so haftet B. für jede Sorgfalt (§ 276). Die Frage kann auch dahingestellt bleiben, denn B. hat, indem er den eisernen Kasten in den Keller stellte, nicht einmal die gewöhnliche Sorgfalt (quam suis) beobachtet. Denn da der Verwahrungsvertrag zur Aufbewahrung verpflichtet, so kommt es vor allem auf passende Auswahl des Aufbewahrungsortes an. Als vernünftiger und gebildeter Mensch mußte nun B. wissen, daß der eiserne Kasten im Keller leicht verrosten konnte. Er hat also eine grobe Fahrlässigkeit begangen, für die er in jedem Falle, also auch im Falle der Unentgeltlichkeit, haftet (vgl. § 276 und Rosenthal, Anm. 38 hierzu). Nun hat B., wie es in der Aufgabe heißt, den Kasten nicht anderweit unterbringen können. Dann erforderte aber die im Verkehr erforderliche Sorgfalt, daß B. dies dem A. anzeigte, damit dieser Gelegenheit hatte, den Kasten anderswo unterzubringen. A. braucht also, wenn es bestritten wird, nur zu beweisen, daß er dem B. den Kasten in unverrostetem Zustande übergeben hat. Denn daß er an einem solchen Orte nur durch diese Fahrlässigkeit des B. verrostet ist, ist zu vermuten.

Auch im zweiten Falle hat B. m. E. schon fahrlässig gehandelt, indem er den Kasten in den Keller stellte. Hier hat er aber den Fehler gutgemacht, indem er den Kasten vom Rost befreien und an einen anderen Ort schaffen läßt. Er hat also gemäß § 692 gehandelt. Eine Anzeige nach § 692 Satz 2 war zwar erforderlich, doch brauchte die Entschließung des A. nicht abgewartet zu werden, da mit dem Aufschub Gefahr verbunden war. Die Aufwendungen, die B. hierbei gehabt hat, hat er von vornherein selbst verschuldet. Er kann sie also nicht nunmehr auf Grund des § 693 ersetzt verlangen.

Fall 342.

A. hat die 1000 M. bei B. vermutlich nicht deshalb hinterlegt, weil die Person des Gläubigers ungewiß ist (§ 372), denn in Ermangelung einer Bestimmung hierüber kann man nicht annehmen, daß A. den entstehenden Streit vorausgesehen und im Hinblick darauf hinterlegt hat. Vielmehr muß man annehmen, daß er nur zum Zwecke der Verwahrung (§ 688) hinterlegt hat und nicht daran gedacht hat, daß dies vielleicht auch einen andern Zweck haben könnte. Nun kann nach § 695 der Hinterleger die hinterlegte Sache jederzeit zurückfordern und nach § 696 der Verwahrer jederzeit die Rücknahme der hinterlegten Sache verlangen, wenn, wie hier, eine Zeit für die Aufbewahrung nicht bestimmt ist. Nun weiß aber hier der Verwahrer nicht, welcher von den beiden die Rückgabe Verlangenden wirklich berechtigt ist. Wenn nun gefragt wird, ob B. zur Hinterlegung berechtigt ist, so ist hier eine Hinterlegung im Sinne der §§ 372 f. gemeint. Die Frage ist hierbei, ob B. Grund hatte, über die Person des Gläubigers im unklaren zu sein. Wenn der Vertragserbe einen Erbschein erhalten hat, kann B. befreiend an ihn leisten (§ 2367). Hat er noch keinen Erbschein erwirkt, so kommt es darauf an, ob für den übergangenen Pflichtteilsberechtigten, also den Sohn des A., die Jahresfrist zur Anfechtung (§§ 2279 Abs. 1, 2082) bereits zweifellos abgelaufen ist oder nicht. Ist es der Fall, so besteht keine Ungewißheit über den Gläubiger: ist es nicht der Fall, so besteht sie (§ 372 Satz 2). Die Anfechtung des Erbvertrags erfolgt auf Grund der §§ 2281, 2071.

Fall 343.

Nach § 700 Abs. 1 Satz 2 finden in dem Falle, daß der Hinterleger dem Verwahrer nachträglich gestattet, sich hinterlegte vertretbare Sachen — unter diese gehört das Geld — anzueignen, die Vorschriften über das Darlehn Anwendung, aber erst von dem Augenblick der Aneignung an (depositum irregulare). Wenn also das Geld vor der Aneignung durch eine Feuersbrunst zugrunde geht, so steht dem A. die Darlehnsklage nicht zu. Er hat nur die aus den Paragraphen §§ 688 ff. hervorgehenden Rechte. Bezüglich der Haftung für Zufall ist dort aber nichts Besonderes bestimmt. Daher kommen die allgemeinen Grundsätze zur Anwendung. Nach diesen trägt der Eigentümer die Gefahr der Sache (casum sentit dominus).

Somit ist die Unmöglichkeit der Rückgabe von B. nicht zu vertreten. Meines Erachtens ist nun § 275 anwendbar. Danach wird B. von der Leistung frei. Die §§ 320 ff. sind hier nicht anwendbar, weil das Darlehn ein sog. unvollkommen zweiseitiger Vertrag ist, d. h. ein solcher, der nur unter bestimmten Voraussetzungen beide Parteien zu leisten verpflichtet.

Wenn die Erlaubnis gleich bei der Niederlegung erteilt ist, so könnte § 700 Abs. 1 Satz 1 vorliegen. Da aber nach dem Text die Aneignung nicht sofort stattfindet, so scheint doch dieser Fall sich von dem obigen nicht zu unterscheiden. Demnach würde auch hier, da der Schaden vor der Aneignung eintritt, A. als Eigentümer den Schaden tragen (vgl. Fälle 279, 281, 282, 331).

Fall 344.

Die wesentliche Frage ist die, was es juristisch zu bedeuten hat, wenn A. dem B. die für eine spätere Zeit als Darlehn versprochenen 100 000 M. übergibt mit der Ermächtigung, sie zur Bezahlung des Kaufpreises zu verwenden. Zwei Möglichkeiten liegen nahe. Man kann den Vertrag als Verwahrungsvertrag im Sinne der §§ 688 ff. betrachten mit der Maßgabe, daß gemäß § 700 Abs. 1 Satz 1 vertretbare Sachen in der Art hinterlegt werden, daß das Eigentum auf den Verwahrer übergehen und dieser verpflichtet sein soll, Sachen von gleicher Art, Güte und Menge zurückzugewähren, so daß die Vorschriften über das Darlehn (§§ 607 ff.) Anwendung finden. In diesem Falle trägt A. als Eigentümer die Gefahr (§ 323 kommt nicht in Betracht, da das Darlehn kein gegenseitiger Vertrag ist, vgl. Rosenthal, Anm. 1 vor § 320). Nimmt man dagegen an, daß § 700 Abs. 1 Satz 2 vorliegt, daß also bis zum Verbrauche des Geldes noch ein Verwahrungsvertrag besteht, so haftet A. zur Zeit des Diebstahls noch nicht, sondern erst von der Aneignung, also vom Verbrauche ab. Ich würde das erstere annehmen. Die Absicht des B., seine Rechte als Eigentümer auf A.

sofort mit der Besitzübergabe zu übertragen, dürfte ziemlich bestimmt erkennbar sein, ebenso der Wille des A., das Geld als sein Eigentum anzunehmen. A. konnte ja die Haftung ablehnen. Der Zufall ist hiernach ein von A. zu vertretender Umstand. Nach § 280 muß er daher für die Unmöglichkeit der Rückzahlung des ganzen Darlehns einstehen.

Fall 345.

B. ist ein Gastwirt, der gewerbsmäßig Fremde zur Beherbung aufnimmt. Den B. hat er im Betriebe dieses Gewerbes aufgenommen. Der Überzieher gehört zu den eingebrachten Sachen im Sinne des § 701 Abs. 2. A. hat auch die in § 703 vorgeschriebene sofortige Anzeige gemacht. Da feststeht, daß A. den Überzieher in das Hotel eingebracht hat, muß B. für dessen Verlust haften. B. macht geltend, A. habe den Überzieher außerhalb des Hotels selbst verloren. Demnach scheint er sich auf § 701 Abs. 1 Satz 2 zu stützen. Die Frage ist die, ob das eine Einrede im juristischen Sinne ist (Verweigerung der Leistung) oder eine rechtsunwirksam machende Tatsache. Wenn der Wirt auch zugibt, daß der Überzieher zunächst als eingebrachte Sache zu betrachten war, so enthält doch seine Verteidigung meines Erachtens zugleich die Behauptung, daß der Überzieher im Augenblick des Verlustes nicht mehr eine eingebrachte Sache war, da er außerhalb des Hotels weggekommen ist. Nach § 701 Abs. 2 sind die Sachen des Mieters nur so lange eingebracht, als sie im Hotel sind. Somit gehört die Behauptung des A. zur Klagbegründung, weshalb ihm die Beweislast aufzuerlegen sein dürfte.

Fall 347.

Nach § 704 hat der Gastwirt für seine Forderungen aus der Zechschuld des B. ein Pfandrecht an dessen eingebrachten Sachen und es finden auf dasselbe die für das Pfandrecht des Vermieters geltenden Vorschriften des § 559 Satz 3 und der §§ 560 bis 563 entsprechende Anwendung. Hier handelt es sich besonders darum, ob der Mieter die Geltendmachung des Pfandrechts abwenden kann, was B. offenbar beabsichtigt. Er kann dies nach § 562 durch Sicherheitsleistung. Eine solche liegt hier aber nicht vor, sondern ein bloßes Zahlungsversprechen. Das genügt dem A. nicht. Bezüglich des Koffers hat der Wirt keinesfalls ein Recht auf Zurückbehaltung, da er dem Prinzipal gehört. Bezüglich der Kleider und Schuhe könnte sich B. vielleicht auf § 559 Satz 3 berufen, wonach sich das Pfandrecht nicht auf die der Pfändung nicht unterworfenen Sachen des Mieters erstreckt. Diese ergeben sich aus § 811 ZPO. Demnach erscheint die Pfändung nicht berechtigt, denn A. braucht Kleider und Schuhe. A. kann also Schadensersatz wegen der Verzögerung verlangen. Fraglich scheint mir, ob nicht A. der Zurückhaltung hätte sofort widersprechen und auf § 811 Bezug nehmen müssen.

Anm. Fraglich scheint mir, ob man nicht bezüglich des Koffers § 231 analog anwenden kann. Man könnte folgern: Der Wirt glaubt zur Selbsthilfe, bestehend in Pfändung, berechtigt zu sein. Das befreit ihn aber nicht von der Schadensersatzpflicht.

Fall 348.

Zwischen A. und B. besteht ein Gesellschaftsvertrag. Nach § 719 kann ein Gesellschafter nicht über seinen Anteil an dem Gesellschaftsvermögen und den einzelnen dazu gehörigen Gegenständen verfügen. B. hat dies getan, nach der Absicht des Gesetzgebers ist also die Verfügung unwirksam (§ 134). C. erwirbt daher meines Erachtens keinen Anteil an dem Lose. Wenn nun C. vergessen hat, das Los zur vierten Klasse zu erneuern, so hat das dieselbe Bedeutung, wie wenn B. es vergessen hätte. Jedenfalls liegt in der Veräußerung ein Verschulden des B., wofür er dem A. Ersatz leisten muß, denn er haftet als Gesellschafter nach § 708 für die Sorgfalt, die er in eigenen Dingen anzuwenden pflegt. Zum Schadensersatz gehört nun auch der Ersatz des entgangenen Gewinnes (§ 252). Dazu wird man die 10 000 M. zählen müssen.

Fall 349.

Die Frage der Aufrechnung bei der Gesellschaft ist zum Teil sehr schwierig und bestritten.

Zu Frage 3: § 719 Abs. 2 sagt, daß der Schuldner gegen eine Forderung, die zum Gesellschaftsvermögen gehört, nicht eine ihm gegen einen einzelnen Gesellschafter zustehende Forderung aufrechnen kann. Die Vorschrift enthält eine Folgerung aus dem Gesamtschuldprinzip. Der Schuldner, der eine Forderung zum Gesellschaftsvermögen schuldet, kann hiernach gegen diese nicht eine Forderung aufrechnen, die ihm gegen einen einzelnen Gesellschafter zusteht, weil der einzelne Gesellschafter während des Bestehens der Gesellschaft keinen in Bruchteilen zu beziffernden Anteil am Gesellschaftsvermögen hat (§ 718) (vgl. Staudinger, Bem. III zu § 719).

Hiernach kann X. nicht mit seiner Gesellschaftsforderung gegen die private Forderung des A. aus den Darlehen aufrechnen. Er muß die Darlehnsschuld bezahlen und die Gesellschaftsforderung gesondert einklagen.

Zu Frage 1: Hier ist die Gesellschaft von X. verklagt, d. h. A., B. und C. sind verklagt und zwar wegen einer Gesellschaftsschuld. Sie rechnen mit der Privatforderung ihres Mitgesellschafters A. aus dem Darlehn auf. Dies ist nach Annahme des Reichsgerichts unbedingt unzulässig (vgl. Staudingers Kommentar, Bem. III. zu § 719 am Schluß).

Zu Frage 2: Ebensowenig wie die Gesellschaft mit der privaten Forderung des A. gegen die Forderung des X. aufrechnen kann, scheint mir A. selbst hierzu berechtigt.

Fall 350.

Zu Frage 1: Der wegen einer P r i v a t s c h u l d belangte Gesellschafter kann eine Forderung der Gesellschaft (auch mit Zustimmung der Mitgesellschafter) nicht aufrechnen. Dies ergibt sich aus Abs. 1 des § 719. Denn da kein Gesellschafter über seinen Anteil an den gemeinschaftlichen Gegenständen verfügen kann, so kann er seinen Anteil an einer gemeinschaftlichen Forderung auch nicht gegen eine Privatschuld aufrechnen (vgl. Staudinger, Bem. III. zu § 719).

Hiernach kann A. mit der Gesellschaftsforderung nicht gegen X. aufrechnen.

Zu Frage 2: Auch hier scheint mir die Aufrechnung nicht unbedenklich, schon weil fraglich erscheinen dürfte, ob eine solche Abtretung des A. an sich selbst nach § 181 zulässig wäre.

Allerdings kann die Tatsache, daß A. geschäftsführender Gesellschafter ist, von Erheblichkeit bei der Aufrechnungsfrage werden. Hierüber vgl. Staudinger, Bem. III zu § 719 am Schluß). Doch liegt dort anscheinend ein besonderer Fall vor, nämlich der, daß der Gesellschafter eine Gesellschaftsschuld, für die er mit seinem Privatvermögen gesamtschuldnerisch haftet, zur Aufrechnung bringt.

Ich will die weitere Lösung dieser Frage dem Leser einstweilen überlassen.

Zu Frage 3: Diese ist nach § 719, 2 ohne weiteres zu verneinen. X. kann also gegen die Gesellschaft nicht mit seiner privaten Darlehnsforderung an A. aufrechnen (vgl. Fall 349 Frage 3).

Fall 351.

Das Fell ist der Gesellschaft von A. nicht zu Eigentum übergeben, sondern nur zur Benutzung. Daher unterliegt es auch weiterhin dem Zugriff der Gläubiger des A. § 717 ist nicht anwendbar. Das Gebrauchsrecht der Gesellschaft ist rein obligatorischer Natur. Es beruht auf dem Gesellschaftsvertrage. Es ist kein die Veräußerung hinderndes Recht im Sinne des § 771 ZPO. Gleichwohl können die Gläubiger das Fell nicht pfänden, sondern es steht ihnen § 808 ZPO. entgegen. Danach unterliegen der Pfändung nur Sachen, die sich im Gewahrsam des Schuldners befinden. Das Fell ist im Gewahrsam oder wenigstens im Mitgewahrsam der Gesellschaft, daher ist es nur pfändbar, wenn die Gesellschaft zu seiner Herausgabe bereit ist (§ 809 ZPO.). Ist trotzdem gepfändet worden, so haben die Gesellschafter die Einwendung nach § 766 ZPO. Ein Vorzugsrecht nach § 805 ZPO. ist nicht anzunehmen.

X. kann aber so vorgehen. Er kann den Anspruch des A. an die Gesellschaft auf Rückgabe des Felles (§ 732 BGB.) gemäß § 846 ZPO. pfänden lassen. Doch kann er diesen Anspruch erst nach Beendigung des Gesellschaftsvertrags realisieren.

Dem Interesse des X. entspricht am meisten folgendes Vorgehen: Er pfändet nach § 725 BGB. den Anteil des A. am Gesellschaftsvermögen und kündigt die Gesellschaft. Darauf tritt die Auseinandersetzung nach § 732 BGB. ein. Die Gesellschaft kann weiter bestehen, A. kann aber auch nach § 737 ausgeschlossen werden. Bleibt die Gesellschaft unter den übrigen Gesellschaftern bestehen, so ist das nur zum Gebrauche überlassene Fell nach § 738 BGB. ebenso zurückzugeben, wie im Falle der Auflösung.

Anm. Ähnliche Resultate würden sich ergeben, wenn die vorliegende Gesellschaft eine offene Handelsgesellschaft wäre.

Fall 352.

Bemerkenswert ist, daß § 213 KO. kein besonderes Konkursverfahren über das Vermögen einer Gesellschaft des BGB. kennt. Nur über das Vermögen eines nicht rechtsfähigen Vereins kann selbständig ein Konkursverfahren stattfinden. Deshalb scheint mir der Fall nicht praktisch. Näheres überlasse ich dem Leser selbst zu finden.

Hiernach scheint mir das Weitere dahingestellt bleiben zu können. Insbesondere dürfte nicht zu erörtern sein, wann der Nießbrauch, der einer Gesellschaft des bürgerlichen Rechts bestellt ist, erlischt. Die offene Handelsgesellschaft stellt Kretzschmar (Grundbuchrecht II S. 262) der juristischen Person gleich (§ 1061). Wie es mit der Gesellschaft des BGB. steht, ist zweifelhaft. Nießbraucherin kann sie jedenfalls sein (GBO. § 48).

Fall 355.

Indem sich C. unter Verzicht auf die Rechswohltaten eines Bürgen verbürgt, verzichtet er vor allem auf die Einrede der Vorausklage (§ 771). A. ist also berechtigt, auf Grund der Bürgschaft den C. direkt zu verklagen. Fraglich ist nun, ob die Klage im übrigen begründet ist und auf welchen Betrag A. den C. verklagen kann. Indem A. dem B. die Unterschlagung verzeiht, und außerdem die unterschlagene Summe ein halbes Jahr lang nicht ersetzt verlangt, verzichtet er zweifellos auf dieselbe, wenigstens für diesen Fall. Die Schuld ist erloschen. Nach § 768 hat nun der Bürge dieselben Einreden, wie der Hauptschuldner. Also kann auch C. die dem B. zustehende Einrede des Verzichtes bezüglich der zuerst unterschlagenen Summe geltend machen. A. kann somit nur die zuletzt unterschlagenen 1000 M. gegen C. einklagen. Insoweit hat er noch nicht auf sein Recht aus der Bürgschaft verzichtet.

C. kann sich nicht deshalb weigern, irgend etwas zu zahlen, weil A. ihn von der ersten Unterschlagung nicht benachrichtigt hat. Eine Anzeigepflicht legt § 777 dem Gläubiger auf. Doch liegt hier eine Verbürgung auf bestimmte Zeit nicht vor. Man könnte höchstens das Bürgschaftsversprechen des C. interpretieren: Nach § 72 Ziff. 1 HGB. ist Untreue ein Grund zur sofortigen Entlassung. Also ist anzunehmen, daß C. nur bis zur erstmaligen Entdeckung einer Untreue haften will, nicht für spätere Veruntreuungen. Ob dem ohne weiteres beizustimmen ist, scheint mir zweifelhaft.

Anm. Das Vorliegen der für die Bürgschaft geforderten schriftlichen Form habe ich ohne weiteres angenommen. In der Aufgabe dürfte es versehentlich nicht erwähnt worden sein, da sonst der ganze Fall keinen Zweck haben würde.

Fall 356.

Der Arbeitsausschuß ist juristisch dasselbe wie die bei den verschiedensten Unternehmungen eingesetzten Kommissionen. Seine Tätigkeit besteht in diesem Falle unter anderem in der Regelung der Kassenverhältnisse. Die Übernahme der Verpflichtung hierzu würde ich als Übernahme einer Gesamtschuld (§ 427) ansehen, durch die sich die Mitglieder den Unternehmern gegenüber haftbar machen. Welche juristische Form das Unternehmen selbst, also die Gewerbeausstellung, hat, sagt der Text nicht, es kann sich um eine gewöhnliche Gesellschaft, offene Handelsgesellschaft oder um eine sonstige Gesellschaftsform handeln.

Welche juristische Form hat nun das Zeichnen zum Garantiefonds? Damit verpflichtet sich der Zeichnende, falls das Unternehmen mit Verlust arbeiten sollte, diesen Verlust in Höhe einer bestimmten Summe zu decken. Damit tritt der Garantierende in ein Verhältnis zu den Gläubigern des Unternehmens. Wenn er nun auch diese Gläubiger im voraus nicht kennt, so hindert doch nichts, dieses Verhältnis als Bürgschaft im Sinne der §§ 765 f. anzusehen. In diesem wie in den meisten Fällen ist es natürlich nur eine beschränkte Bürgschaft, also in Höhe der versprochenen Summe. Diese Bürgschaft ist aber, da nur für den Fall eingegangen, daß sich Verlust ergibt, nur eine bedingte. Sie ist mit einer Suspensivbedingung verknüpft (§§ 158 f.). Diese Bedingung ist hier eingetreten und X. zur Zahlung in versprochener Höhe verpflichtet. Nun weigert sich X., zu zahlen, und zwar zunächst mit der Begründung, daß nur der Gesamtvorstand zur Klage berechtigt sei. Dem steht die Vertragsbestimmung entgegen, nach der X. die Kaufleute A., B. und C. in ihrer Eigenschaft als Arbeitsausschuß für berechtigt erklärt, ihn wegen des gezeichneten Betrags in Anspruch zu nehmen, sobald sich ein Fehlbetrag bei dem Unternehmen ergeben sollte. Damit erklärt X., daß er A., B. und C. als Arbeitsausschuß als Vertreter des Unternehmens bezüglich der Einforderung der versprochenen Summe ansehen will, gleichgültig, ob diese nach den internen Bestimmungen des Unternehmens wirklich zu dieser Vertretung berechtigt sind. Da sich X. verpflichtet hat, so ist kein Grund zu finden, weshalb er die Aktivlegitimation der Kläger bestreiten könnte. Denn der Gesamtvorstand ist doch vermutlich von dem Inhalte des Garantiescheins vorher unterrichtet worden. Wenn er ihn also genehmigt, so überträgt er die Rechte und Pflichten, die er allerdings als Vorstand in erster Linie hat — nämlich die Vertretung nach außen — insoweit, als es sich um die Einklagung der Garantiesumme handelt, auf A., B. und C. Darin liegt nichts Ungesetzliches. X. hat hiervon Kenntnis, denn er hat den Schein unterschrieben. Der erste Einwand ist also zurückzuweisen.

Daß hier keine unverbindliche Schenkung vorliegt, ist schon durch die obigen Erörterungen über die Natur der Garantieleistung widerlegt.

Auch der dritte Einwand ist zurückzuweisen. Denn wenn es im Vertrage heißt: „Nach Aufstellung der Schlußrechnung" usw., so liegt kein Grund vor, anzunehmen, daß die Garantiepflicht des Zeichners von Vorlegung der Schlußrechnung abhängig ist. Der Zeichner muß eben insoweit den Organen des Unternehmens vertrauen, wenn er sich keinen Vorbehalt macht. Selbst wenn aber die Vorlegung der Rechnung durch die im Verkehr erforderliche Sorgfalt gefordert würde, so wäre davon noch nicht die Verpflichtung zur Zahlung abhängig, sondern höchstens die zur Tragung etwaiger Prozeßkosten.

Anm. Den sog. Garantievertrag, der hier vorliegt, behandelt Matthiaß, Bd. I S. 413.

Fall 358.

Die Einrede der Unzuständigkeit des Gerichts scheint mir begründet nach § 768. Zu den dem Hauptschuldner zustehenden Einreden gehört auch die vorliegende. Somit muß der Gläubiger C. in Z. klagen.

Gaupp-Stein sagt dagegen unter Anm. IV, 4 zu § 29 Bd. I S. 86 oben: „Dagegen ist aus der Abhängigkeit der Bürgschaft von der Hauptschuld ein Erfüllungsort für die erstere nicht zu folgern.“ Ähnlich Petersen Anger, Bem. 10 zu § 29. Der Ort, wo der Hauptschuldner zu erfüllen hat, ist regelmäßig nicht Erfüllungsort für den Bürgen. Ferner Nachtrag zu den §§ 38 bis 40 (Bd. II S. XXII): „Ein zwischen dem Gläubiger und Hauptschuldner vereinbarter Gerichtsstand gilt nicht ohne weiteres für den Bürgen.“ Letzteres erscheint mir, wie gesagt, im Hinblick auf § 768 BGB. unhaltbar. Auch liegt hier insofern etwas Besonderes vor, als ein Gerichtsstand vereinbart ist, während Gaupps Bemerkungen wohl nur den Fall im Auge haben, daß nichts über den Gerichtsstand vereinbart wird.

Fall 359.

Wäre A. nicht selbstschuldnerischer Bürge, so hätte er zweifellos nur gegen B. einen Anspruch, was sich aus der akzessorischen Natur der Bürgschaft ergibt. Da aber die selbstschuldnerische Bürgschaft als eine Art der Gesamtschuld erscheint (§§ 420 f.), so hat die Zahlung des A. an C. dieselbe Wirkung, wie wenn der Gläubiger von zwei Gesamtschuldnern zugleich das Ganze erhalten hat. Dann kann entweder A. oder B. gegen C. auf Herausgabe des zuviel Gezahlten auf Grund ungerechtfertigter Bereicherung (§§ 812 f.) klagen.

Wenn die Zahlung des Bürgen A. bei C. erst später als die des B. eingetroffen ist, so kann man auf Grund der Bürgschaftsgrundsätze zu einem Resultate gelangen, denn dann ist durch die Zahlung des Hauptschuldners B. an C. die Schuld erloschen. Wenn nunmehr auch der Bürge A. zahlt, so kann die Forderung nicht mehr, wie es nach § 774 im Falle der Zahlung des Bürgen der Fall ist, übergehen. Vielmehr ist der Gläubiger C. durch die Zahlung des Bürgen A. ohne Grund bereichert. A. kann daher nach §§ 812 f. von C. Rückgabe des Gezahlten fordern. Dagegen hat A. an den Hauptschuldner B. keinen Anspruch.

Ist dem Gläubiger C. zuerst die Zahlung des Bürgen A. zugegangen, so geht die Forderung nach § 774 auf den Bürgen über (vgl. § 426 Abs. 2). Der Gläubiger ist also nicht mehr Inhaber derselben. Somit kann der später zahlende Hauptschuldner gegen C. kondizieren, weil der rechtliche Grund, auf dem seine Verpflichtung beruhte, weggefallen ist (§ 812 Abs. 1 Satz 2).

Fall 360.

Man könnte zunächst daran denken, daß der vorliegende Vertrag den guten Sitten widerspricht. Das möchte ich nicht annehmen. Daß ein Delinquent vor strafrechtlicher Verfolgung bewahrt bleibt, widerspricht nicht unserem Sittlichkeitsgefühl. Das würde aber wohl auch auf die Art des Delikts ankommen.

Was die Art des Vertrags zwischen B. und der Ehefrau und dem Sohne des B. betrifft, so ist diese schwer zu bestimmen Nach gemeinem Rechte würde man wohl einen Innominatrealkontrakt annehmen (do ut facias § 267). Der Vertrag ist ein gegenseitiger. Ehefrau und Sohn des B. geben die 2000 M. und B. verpflichtet sich, keine Anzeige zu machen. Zugleich setzen die Parteien die Bedingung, daß überhaupt — also auch von dritter Seite — keine Anzeige erfolgt. Das ergibt der Wortlaut der Vereinbarung. Fraglich ist, ob eine echte Bedingung vorliegt. Ausgeschlossen ist es nicht. Dann würde § 161 gelten. Ich nehme nur eine obligatorische Verpflichtung des B. zur Rückerstattung an, und zwar erfolgt die Rückforderung nach den §§ 812 f., insbes. §§ 815, 820 (condictio causa data causa non secuta). Im übrigen ist bezüglich der Frau § 1395 (§ 1401) zu beachten. Das Eventualpetitum beruht auf § 818 Abs. 2.

Wenn die Kläger eventuell Schadensersatz verlangen, so ist ihnen dieser auch auf Grund des obigen Vertrags zuzubilligen. Es liegt ein Fall der nachträglichen Unmöglichkeit der Leistung vor. § 280 kommt zur Anwendung. Die Leistung wird infolge eines von dem Schuldner zu vertretenden Umstandes unmöglich. Der Schuldner hat daher den durch die Nichterfüllung entstehenden Schaden zu ersetzen. Der Schaden besteht in dem Verluste der Aktien im Werte von je 2000 M. Somit muß B. diese 4000 M. ersetzen.

Fall 361.

Der Vertrag zwischen der B. und der C. ist ein Werkvertrag (§§ 631 f.). Dieser ist bis zur Genehmigung durch den Vormund negotium claudicans (§ 108). Die Genehmigung kann aber auch der C. gegenüber erfolgen. Die Genehmigung ist nun zunächst nicht erfolgt, wohl aber später dadurch, daß der Vormund der C. sagt, sie könne sich wegen des Geldes an ihn halten. Darin liegt zugleich ein Schuldversprechen.

Die Hauptfrage ist nun die: Was ist juristisch in der Erklärung des Vormunds A. zu erblicken? „Sie können sich wegen des Geldes an mich halten." Zu einem abstrakten Schuldversprechen im Sinne des § 780 gehört, daß die Leistung in der Weise versprochen wird, daß das Versprechen die Verpflichtung selbständig begründen soll und daß die Erklärung schriftlich abgegeben wird. Das letztere setze ich voraus, weil sonst § 780 von vornherein ausgeschlossen wäre. Doch liegt ein abstraktes Schuldversprechen m. E. nicht vor. Der Wille des Vormunds ist mit Rücksicht auf das vorausgegangene nicht auf eine abstrakte Verpflichtung gerichtet. Das geht schon daraus hervor, daß er in seiner Erklärung auf die Mitteilung der C. Bezug nimmt mit den Worten „wegen des Geldes". Auch fehlt die Angabe der Höhe der Schuldsumme.

Weiter würde in Frage kommen, ob eine Bürgschaft vorliegt. Dem steht nach § 765 nichts entgegen, wenn man voraussetzt, daß Schriftlichkeit vorliegt. Die Einrede der Vorausklage ist nach § 773 Abs. 1 Ziffer 1 ausgeschlossen, wenn der Bürge sich als Selbstschuldner verbürgt hat. Eine solche Bürgschaft würde ich hier annehmen. Die Worte des A. deuten darauf hin, daß er ebenso streng wie die B. selbst haften will. Ich würde also die sofortige Klage der C. gegen den B. für berechtigt halten. Das Wort „bürgen" braucht bei der Bürgschaft nicht unbedingt gebraucht zu werden.

Fall 363.

Nach § 397 ist der Erlaß ein Vertrag (pactum de non petendo). Dieser kann nach den allgemeinen Regeln wegen Irrtums, Betrugs usw. angefochten werden. Hier war also so vorzugehen: A. mußte den Erlaß wegen Irrtums (§ 119) anfechten, und zugleich aus dem alten Schuldgrunde klagen. B. mußte die rechtsvernichtende Tatsache des Erlasses einwenden. Darauf hatte A. zu replizieren: Der Erlaß ist nichtig (§ 142), weil mit Erfolg angefochten, folglich gilt der alte Schuldgrund, den B. nicht bestreitet. Den Irrtum mußte A. beweisen. In Betracht kommt auch § 812 Abs. 2. Mit dieser Bereicherungsklage kann aber A. nicht Zahlung der ursprünglich geschuldeten Summe, sondern nur Wiederherstellung der durch den Erlaß zum Erlöschen gebrachten Forderung herbeiführen.

Fall 365.

Nach § 434 ist der Verkäufer verpflichtet, dem Käufer den verkauften Gegenstand frei von Rechten zu verschaffen, die von Dritten gegen den Käufer geltend gemacht werden können (Schutz gegen die sog. Entwehrung). Zu diesen Rechten gehört neben anderen dinglichen auch das Eigentumsrecht. Dieses gewährt A. dem C. nicht. Daher findet nach § 440 die Vorschrift des § 325 über nachträgliche Unmöglichkeit Anwendung. Wenn also D. in dem von ihm gegen C. angestellten Eigentumsprozesse siegt, und daher C. das Pferd an D. herausgeben muß, so kann er auf Grund des Vertrags von dem Verkäufer A. Schadensersatz fordern. Dieser besteht aber in dem gezahlten Kaufpreise. B., der Verpfänder, steht zu C. in keinem Verhältnis.

Der Umstand, daß das Pferd von B. dem A. verpfändet war, ist hier gänzlich ohne Einfluß, ebenso die Frage, warum C. kein Eigentum erlangt hat, obgleich er es doch nach dem Regelfall des § 932 als vermutlich Gutgläubiger erworben haben müßte. Jedenfalls gibt es Gründe, aus denen er das Eigentum nicht erlangt hat (§ 935), die aber hier nicht zu erörtern sind.

Fall 366.

Die Frage, wer beim Eintritt einer unerwarteten Krankheit oder eines plötzlichen Todesfalles den von Fremden herbeigerufenen Arzt zu bezahlen hat, ist schon öfter praktisch geworden.

Wenn der Arzt von einem Bahnbeamten herbeigerufen wird, so kann er sich denken, daß dieser im Auftrage eines anderen, entweder des Kranken selbst oder eines höheren Beamten kommt. Hier wird er aber außerdem noch vom Unterbeamten aufgeklärt. Er ist daher darüber unterrichtet, daß es sich um einen durchreisenden Patienten handelt. Ich möchte aber nicht annehmen, daß ein Vertrag zwischen der Bahn und dem Arzt zustande kommt, zumal der Stationsvorsteher erst später von der Zuziehung des anderen Arztes Kenntnis erhält, denn die Bahnverwaltung hat keine Verpflichtung, für das Kind zu sorgen. Vielmehr liegt eine Geschäftsführung ohne Auftrag vor und zwar sind die Geschäftsherren die Eltern des Kindes, denn sie haben die Pflicht, für das Kind zu sorgen. Sollten sie sich weigern, dem Arzt seine Zeitversäumnisse zu vergüten, so entscheidet § 679. Danach kommt ein der Geschäftsführung entgegenstehender Wille des Geschäftsherrn nicht in Betracht, wenn ohne die Geschäftsführung eine gesetzliche Unterhaltspflicht des Geschäftsherrn nicht rechtzeitig erfüllt werden würde. Der Arzt kann also gegen die Eltern sein Honorar einklagen (§§ 1627 ff). Die Bahnverwaltung haftet also meines Erachtens nicht. Würde man in Fällen, wie dem vorliegenden, auch den Fremden — das ist hier die Bahnverwaltung — für das Honorar des Arztes haften lassen, so würde das nur nachteilige Folgen haben. Das Publikum würde mit der Herbeirufung des Arztes vorsichtig sein, was gerade in dringenden Fällen, in denen vom schnellen Eingreifen des Arztes alles abhängt, im Interesse der Allgemeinheit bedenklich wäre. Es entspricht daher meines Erachtens der Billigkeit, daß nur der Unterhaltspflichtige oder der zur Fürsorge irgendwie Verpflichtete in Anspruch genommen wird. Für den Arzt ist es aber in dringenden Fällen Ehrensache, auch dann zu helfen, wenn er noch nicht weiß, ob unterhaltspflichtige Personen, die zahlungsfähig sind, überhaupt vorhanden sind. Gezwungen kann er dazu natürlich nicht werden.

Ein Vertrag zwischen Bahnverwaltung und Arzt würde in Frage kommen, wenn die Bahn verpflichtet wäre, für kranke Reisende zu sorgen. Eine solche Verpflichtung wäre z. B. auf Grund einer Seuchengefahr denkbar.

Fall 871.

C. hat an dem Teppich ein die Veräußerung hinderndes Recht im Sinne des § 771 ZPO. Da er dieses vor der Versteigerung nicht geltend gemacht hat, so ist der Teppich versteigert worden. Dadurch ist aber C. noch nicht jedes Rechts verlustig gegangen. Zwar wird der Ersteher des Teppichs nach § 935 Abs. 2 unbedingt Eigentümer desselben und von ihm kann daher C. nichts fordern. Dagegen ist A. dadurch, daß in seinem Auftrage eine Sache versteigert wurde, die der Gerichtsvollzieher, wenn sie mit Erfolg nach § 771 ZPO. reklamiert worden wäre, nicht hätte versteigern können, auf Kosten des C. bereichert (§ 812 „in sonstiger Weise auf dessen Kosten"). Er ist ohne Grund bereichert, denn er steht mit C. in keiner Verbindung, aus der er ein Recht herleiten könnte (vgl. auch Petersen Anger, Bem. 7 zu § 771 ZPO. und Anm. 10). A. scheint dies auch an sich nicht bestreiten zu wollen, weigert sich aber, die Bereicherung herauszugeben, weil die Kosten der Versteigerung höher sind als der Erlös. Ist er hierzu berechtigt? Die Zwangsvollstreckungskosten zerfallen in Pfändungskosten und Versteigerungskosten. Die Pfändungskosten kann A. meines Erachtens nicht vom Erlöse abziehen, ob die Versteigerungskosten, scheint mir zweifelhaft. Wie steht es mit § 1210? Dem Gerichtsvollzieher gegenüber ist A. der Schuldner der Gebühren und Auslagen (§ 19 der Gebührenordnung für Gerichtsvollzieher, zu vgl. § 788 ZPO.). Durch Verrechnung hat sich der Gerichtsvollzieher aus dem Erlöse gedeckt.

Fall 372.

Die Hingabe des Darlehns seitens des A. an C. ist gegenüber B. eine Geschäftsführung ohne Auftrag nach §§ 677 ff. verbunden mit §§ 177 ff. Diese ist nach § 177 abhängig von der Genehmigung des Geschäftsherrn. Da diese seitens des B. nicht erfolgt ist, so ist also die Hingabe der Darlehns unwirksam.

Indem nun A. dem C. die 1000 M. gibt, will A. zugleich seine Verpflichtung gegenüber dem B. erfüllen. Da aber B. die Leistung an sich selbst verlangen kann, braucht er auch die Leistung des A. an C., nicht als Erfüllung der alten Schuld gelten zu lassen. Da das Darlehnsgeschäft zwischen A. und C. sowie die daraufhin erfolgte Zahlung an C. mangels der Genehmigung des B. unwirksam sind, so besitzt C. die von A. erhaltenen 1000 Mark ohne Rechtsgrund. Es ist zwar zunächst ein Rechtsgrund vorhanden gewesen, dieser ist aber später weggefallen. (Vielleicht liegt auch § 820 vor, also Nichteintritt eines bezweckten Erfolgs.) Durch die Leistung des A. ist C. jetzt ohne Grund bereichert. Es liegt somit der Tatbestand des § 812 Abs. 1 Satz 2 vor und A. kann die gezahlten 1000 M. von C. zurückfordern. Vielleicht könnte man dies auch auf Grund von § 816 für zulässig erachten (Verfügung eines Nichtberechtigten).

Zur Begründung der Klage gehört allerdings der Nachweis, daß B. nicht genehmigt habe. Wenn dies also C. auf die Klage des A. hin bestreitet, so muß es A. beweisen. Er wird zum Beweis der Genehmigung den B. als Zeugen benennen können.

Fall 374.

Der Dieb haftet zweifellos nach §§ 823 ff. auf Schadensersatz. Fraglich ist nur die Höhe desselben. Zu ersetzen ist nach den §§ 249 ff. der entstandene Schaden und der entgangene Gewinn. Demnach ist zunächst die Violine herauszugeben. Wenn ferner A. auf Erlangung des Diebes eine Belohnung aussetzt, — es liegt eine Auslobung vor, § 657 — so hat er zweifellos dadurch Auslagen, er hat also einen Schaden und wird dessen Ersatz nach § 657 unter allen Umständen verlangen können, selbst wenn der Entdeckte von der Auslobung nichts weiß. Vorausgesetzt wird dabei, daß der Dieb überhaupt durch fremde Tätigkeit entdeckt wurde.

Hat der Dieb auch den durch die Konzerte erlangten Gewinn herauszugeben? Nach § 252 Satz 2 ist außer dem entstandenen Schaden auch der entgangene Gewinn zu ersetzen. Als entgangen gilt aber der Gewinn, der nach dem gewöhnlichen Laufe der Dinge oder nach den besonderen Umständen mit Wahrscheinlichkeit erwartet werden konnte. Da der Bestohlene Sammler ist, ist nach den besonderen Umständen nicht zu erwarten, daß er durch Konzerte Gewinn erzielen wird. Die Einnahme aus den Konzerten braucht daher der Dieb nicht herauszugeben.

Fall 376.

Zwischen A. und B. besteht ein Auftragsverhältnis nach den §§ 662 ff. Als Beauftragter erlangt B. an dem erhaltenen Gelde Besitz, nicht aber Eigentum (§ 868). Letzteres kann er in Ermangelung einer Eigentumsübergabe nicht erlangen. Selbst wenn er das erhaltene Geld mit dem seinigen vermischen würde, würde nur Miteigentum entstehen (§ 948), weil man nicht sagen kann, daß eine der Sachen als Hauptsache anzusehen ist (§ 947 Abs. 2). B. hat aber das Geld — wenigstens die 800 M. — in einem besonderen Teile seines Portemonnaies verwahrt. Darin lagen auch noch 8 M., die nicht zu den von A. erhaltenen gehören. Das Geld des A. ist also bei B. zur Zeit der Pfändung noch vollständig unterscheidbar vorhanden und A. daher Alleineigentümer geblieben. Wenn C. das Geld bei B. pfändet, so fragt sich, ob hiergegen die von A. erhobene Widerspruchsklage des § 771 ebenso zulässig ist, wie bei anderen Sachen. Dies ist zu bejahen. Doch ist im vorliegenden Falle das Geld bereits an den Gläubiger abgeführt worden. Nunmehr ist die Zwangsvollstreckung beendigt. Von einer Klage aus § 771 ZPO. kann daher nicht mehr die Rede sein. Vielmehr greifen die §§ 812 ff. ein. C. ist dadurch, daß er eine Sache pfänden ließ, über die sein Schuldner B. gar nicht verfügen durfte, ohne Grund bereichert. Er hat dadurch, daß er den Gerichtsvollzieher mit der Pfändung beauftragte, über einen Gegenstand eine Verfügung getroffen, die dem Berechtigten — dem A. — gegenüber wirksam ist. Nach § 816 ist er ihm daher zur Herausgabe des Erlangten verpflichtet (vgl. Fall 372).

Ist es von Belang usw., diese Frage wird zu verneinen sein. Das Nähere überlasse ich dem Leser.

Fall 377.

Über die Steuerkondiktion im allgemeinen und die Zulässigkeit des Rechtswegs im besonderen entscheidet die Landesgesetzgebung (vgl. z. B. für Sachsen Nippold im Anhang zum Sächs. Archiv, Bd. 2). A. hätte die Steuereinforderung anfechten müssen (so das Sächs. Oberverwaltungsgericht). Jetzt, nachdem die Rekursfrist längst abgelaufen ist, hat er der Steuerbehörde gegenüber keinen Anspruch mehr. Eine Geschäftsführung ohne Auftrag (zu beachten § 679) liegt nicht vor, weil A. glaubte, sein eigenes Geschäft zu führen (§ 687).

Dem A. bleibt also nur noch die Bereicherungsklage gegen B. § 812 schlägt ein. B. hat dadurch, daß A. zahlte, die Befreiung von einer Verbindlichkeit erlangt, er hat also „in sonstiger Weise auf dessen Kosten" etwas erlangt.

War die Steuerforderung zu der Zeit, zu welcher A. zahlte, schon verjährt, so würde A., wie mir scheint, allerdings den Schaden zu tragen haben. Dann würde ich ihm also keine Bereicherungsklage geben. Hier liegt die Sache aber so, daß zu der Zeit, zu der A. zahlte, die Verjährung gegen B. noch nicht eingetreten war, sondern erst, als A. die Bereicherungsklage anstellte. Daher würde ich gegenüber B. Verjährung nicht annehmen. § 813 schlägt nicht ein.

Fall 378.

Es muß sich hier um nicht im Grundbuche eingetragene Rechte (§§ 45, 114 ZwVG.) oder um rückständige wiederkehrende Leistungen handeln.

Nach § 37 Abs. 4 ZwVG. sind Rechte, die zurzeit des Eintragungsvermerks aus dem Grundbuche nicht ersichtlich waren, spätestens im Versteigerungstermin vor der Aufforderung zur Abgabe von Geboten anzumelden und wenn der Gläubiger widerspricht, glaubhaft zu machen, widrigenfalls die Rechte bei der Feststellung des geringsten Gebots nicht berücksichtigt und bei der Verteilung des Versteigerungserlöses dem Anspruche des Gläubigers (d. h. des betreibenden Gläubigers) und den übrigen Rechten nachgesetzt werden würden. In der Aufgabe würde man daher vielleicht besser sagen, daß A. bei der Verteilung ausgefallen ist, denn sein Nachteil ist nach dem obigen nur die Nichtberücksichtigung bei der Verteilung des Erlöses, sowie der Umstand, daß er unter allen Gläubigern den letzten Rang erhält; solange aber dann noch etwas übrig bleibt, ist er trotz der Unterlassung der Anmeldung zu berücksichtigen. Die Frage ist aber bestritten (vgl. Petersen Anger, Bem. 3 zu § 878 ZPO.).

Dieser Anspruch richtet sich meines Erachtens nur gegen den Gemeinschuldner, nicht gegen die anderen Gläubiger. Diese haben rechtzeitig angemeldet und kann ihnen daher nichts entzogen werden.

Fall 380.

Die Vorschriften über den Zwangsvergleich im Konkurse geben die §§ 173 ff. KO. Hier ist vor allem wesentlich, daß der Zwangsvergleich, wie jeder andere Vergleich, ein Vertrag ist (§ 182), also hier ein Vertrag zwischen Gemeinschuldner und Gläubigern. Durch diesen Vertrag soll der Konkurs beendigt werden. Die Gläubiger erklären also durch Abschluß dieses Vergleichs, daß sie auf ihre Mehransprüche insoweit verzichten, als sie durch diesen Vergleich nicht befriedigt werden können. Insbesondere verzichten sie auf dasjenige, was sie bei Beendigung des Konkurses im gewöhnlichen Wege — also durch Schlußverteilung — möglicherweise mehr erhalten würden. Diese Grundsätze finden auch für C. Anwendung.

Wenn nun A. dem C. statt der 20 M., die er vertragsmäßig nur zu erhalten hat, aus Versehen 100 M. zahlt, so hat A. damit eine Nichtschuld gezahlt. Dadurch hat C. ohne Grund einen rechtlichen Vorteil erhalten. Somit haftet C. auf Grund des § 812 auf Herauszahlung der 80 M. (die frühere condictio indebiti, vgl. Rosenthal, Anm. 3 I c zu § 812).

Wenn der Irrtum des A. darin bestanden hat, daß er annahm, C. habe nach dem Vertrage wirklich 100 M. zu fordern und B. nur 20, so bleibt die Lösung genau dieselbe und zwar aus demselben Rechtsgrunde.

In beiden Fällen scheinen mir übrigens auch die Irrtumsgrundsätze (§§ 119, 142) anwendbar. Hierzu ist aber eine ausdrückliche Anfechtung erforderlich. Die Anfechtung führt zu anderen Resultaten.

Fall 381.

A. begeht eine strafrechtlich zu verfolgende Handlung (Unterschlagung, Urkundenfälschung) und schädigt dadurch den Postfiskus in seinem Vermögen. A. haftet ihm also nach § 823 auf Schadensersatz. Der Postfiskus wendet sich aber mit der Klage nicht gegen seinen Beamten (wahrscheinlich weil von diesem nichts zu haben ist), sondern an B. Für diese Klage kann nicht § 823, sondern nur § 812 in Betracht kommen. B. hat nun zwar nicht durch die Leistung des Postfiskus etwas ohne rechtlichen Grund erlangt, man kann aber sagen, daß er es „in sonstiger Weise auf dessen Kosten" erlangt hat. Wenn dabei auch zuzugeben ist, daß A. die 500 M. dem B. schuldig war, so liegt doch darin für B. ein Vorteil, daß er die Summe, die von A. zurzeit nicht einzutreiben ist, durch dessen verbrecherische Handlung sofort erhält. Die schwer oder vielleicht gar nicht einziehbare Forderung ist dadurch zu einer sofort realisierbaren geworden. X. hat also die von A. erhaltenen 500 M. an den Postfiskus zurückzuzahlen.

Was die Pflicht des B. zur Verzinsung des Geldes anlangt, so ist diese, wenn er keine Zinsen gezogen hat, zu verneinen, denn eine der wesentlichen Eigenschaften der Bereicherungsklage ist gerade die, daß der Bereicherte nur dasjenige herauszugeben hat, was er zur Zeit der Klage noch hat (§ 818 Abs. 2). Dabei muß B. aber beweisen, daß er die 500 M. nicht zinstragend angelegt hat (vgl. Rosenthal, Anm. 20 zu § 818), da die verzinsliche Anlegung zu vermuten ist.

Die rechtliche Natur der Postanweisung scheint mir hier nicht unwichtig. Sie ist meines Erachtens eine Anweisung im Sinne der §§ 783 ff. BGB. und zwar in der Regel eine Anweisung auf Schuld. Man zahlt bei der Post ein. Dadurch wird der Postfiskus Schuldner. Auf diese Schuld weist man seinen Gläubiger an (§ 787). Der Postfiskus akzeptiert durch seine Beamten die Anweisung (§ 784). Man muß nun den Postbeamten für befugt halten, seine eigenen Postanweisungen namens des Postfiskus anzunehmen (§ 181). Das ist hier geschehen, es ist aber keine Einzahlung erfolgt. Deshalb hat der Postfiskus bei der Auszahlung an B. einen Verlust und B. erlangt zugleich eine ungerechtfertigte Bereicherung.

Fall 383.

Es liegt ein Schenkungsversprechen (§ 518) vor, welches mit einer Bedingung verbunden ist. Wenn nun A. zahlt in der Meinung, die Bedingung sei eingetreten, so leistet er etwas zum Zwecke der Erfüllung einer Verbindlichkeit; diese besteht aber gar nicht (§§ 813, 814, condictio indebiti). Somit kann A. ohne Bedenken die gezahlten 1000 M. von B. zurückfordern. A. kann aber nur fordern, was B. noch besitzt (§ 818).

Fall 384.

A. hat eine zum Schadensersatze verpflichtende Handlung im Sinne des § 823 begangen (Betrug). Die Eintragung des A. als Eigentümer ist zu Unrecht erfolgt und sein Vater kann daher gemäß § 894 die Berichtigung des Grundbuchs herbeiführen, wenn er das Vorliegen des Betrugs beweist. Die Schenkung des Grundstücks seitens des A. an seine Ehefrau ist aber, trotzdem A. nicht Eigentümer wird, wirksam (§ 892). Sie ist gutgläubig und wird daher Eigentümerin (insofern gelten hier die Grundsätze der §§ 932 f. bei beweglichen Sachen). A. hat also als Nichtberechtigter über einen Gegenstand eine Verfügung getroffen, die dem Berechtigten gegenüber wirksam ist. Nach § 816 Abs. 1 kann der Vater des A. von A. die Herausgabe des durch die Verfügung Erlangten verlangen. A. hat dies aber nicht mehr, denn er hat das Grundstück seiner Ehefrau geschenkt. Daher kommt § 816 Abs. 1 Satz 2 zur Anwendung. Danach kann der Vater des A. die Schwiegertochter unmittelbar belangen.

Für den Konkurs gilt § 43 KO. Das Grundstück kann nach dieser Vorschrift verbunden mit § 892 nicht ausgesondert werden. Nach § 69 KO. ist aber der Schätzungswert des Grundstücks als Forderung in die Tabelle einzutragen.

Fall 387.

Wenn B. durch seine Fahrlässigkeit die Veranlassung dazu gibt, daß A. den bereits mit dem Eigentümer des Schiffes X. geschlossenen Frachtvertrag lösen muß, so hat er zwar keines der in § 823 ausdrücklich bezeichneten Rechte (Leben, Körper usw.) verletzt, es wird sich aber fragen, ob er nicht „ein sonstiges Recht" des A. verletzt hat. Was unter diese sonstigen Rechte zu rechnen ist, ist nicht zweifelsfrei. In erster Linie sind darunter dingliche Rechte zu verstehen, sodann der Besitz, Familienrechte, das Namenrecht usw. Fraglich aber ist gerade, ob darunter auch die Forderungsrechte fallen. Im allgemeinen wird es verneint und nur dann die Klage zugelassen, wenn der Verletzte nicht in der Lage ist, auf andere Weise Ersatz zu erlangen (vgl. Rosenthal, Anm. 6 zu § 823). A. verliert nun seine Forderung gegen den Eigentümer des Schiffes X. nach § 323. Daher möchte ich die Schadensersatzklage gegen B. hier zulassen, vorausgesetzt, daß A. einen Schaden hat, d. h. daß er nicht imstande ist, einen ebenso vorteilhaften Vertrag mit einem anderen zu schließen.

Literatur: v. Gierke, Entwurf S. 262; Meischeider, Die alten Streitfragen S. 37; Biegner im Sächs. Archiv, Bd. 3, 6, 754; von Liszt, Grenzgebiete S. 28.

Fall 388.

Wer Schadensersatz beansprucht, muß beweisen, daß der Schaden entstanden ist und daß er durch Verschulden des Beklagten entstanden ist. Davon ist auch hier beim Fiskus auszugehen. Ersteres ist hier als bewiesen anzusehen, denn es steht fest, daß die Schonung in Brand geraten ist. Für das letztere könnte es sich nur darum handeln, ob sich nicht die Beweislast, da es feststeht, daß A. die Schonung kurz vorher mit brennender Zigarre durchstreift hat, umkehrt, weil darin schon ein Gefährdungsdelikt (§ 368 Ziff. 6 StGB.), also ein Verschulden liegt. Das wird ganz von den Umständen, insbesondere der Größe der Schonung abhängen. Ist sie z. B. nicht groß, so wird man vielleicht eine Vermutung dafür aufstellen können, daß A. den Brand veranlaßt hat. Zu beachten ist aber anderseits auch, daß eine Schonung junge Bäume enthält, die nicht leicht brennen. Das spricht wieder dafür, dem Fiskus die Beweislast aufzuerlegen. Doch würde ein Verschulden des A. auch hier erklärlich sein, wenn große Trockenheit herrschte usw.

Fall 389.

Einen ähnlichen Fall, der einige der hier einschlagenden interessanten Fragen behandelt, habe ich in meinem ersten Heft „Examensfälle mit Lösungen" (Kötzschenbroda, Selbstverlag) behandelt. Es ist Fall 1. Ich verweise einstweilen darauf. Der Fall ist schwieriger, als er vielleicht aussieht.

Fall 391.

Das Verbot des Verkaufs von Feuerwerkskörpern fällt unter § 823 Abs. 2 (Schutzgesetz). Somit ist für die Handlung des B. nicht nur dieser selbst, sondern auch der Kaufmann A. verantwortlich, denn er hat gegen das Gesetz verstoßen. Wenn A. einwendet, daß er nicht für die Handlung des B. haftbar sei, so bestreitet er den Kausalzusammenhang. Dagegen ist zu sagen, daß zwar B. und die andern Knaben den Schaden unmittelbar veranlaßt haben, daß aber auch A. ihn mittelbar veranlaßt hat. Wenn A. weiter einwendet, daß die Knaben X. und Y. gleichfalls Raketen hätten steigen lassen und zwar teilweise solche, die sie von D. gekauft hätten, und daß es daher gar nicht feststehe, daß C. von einer aus seinem, des A., Geschäfte herrührenden Rakete getroffen worden sei, so liegt darin wieder ein Bestreiten des Kausalzusammenhangs. Dies ist auch hier wesentlich. Beweisen muß C., weil es sich um ein Leugnen des Klaggrunds handelt.

Fall 410.

Die Bestellung des B. zum Pfleger ist nach § 1913 erfolgt. Die Sicherheitsleistung ist gemäß §§ 1844, 1915 und § 54 FGG. angeordnet worden. Der Pfleger hat demgemäß in der in den §§ 232 ff. geregelten Weise Sicherheit zu leisten. In § 1844 heißt es nun: „Das Vormundschaftsgericht kann aus besonderen Gründen den Vormund anhalten, für das seiner Verwaltung unterliegende Vermögen Sicherheit zu leisten." Solche besondere Gründe liegen nun hier vor und es ist demgemäß die Anordnung erfolgt. B. hat gegen die Verfügung anscheinend Beschwerde erhoben und es fragt sich, ob sie begründet ist. Ebenso wie die Anordnung der Sicherheitsleistung im Ermessen des Gerichts steht, so auch die Zurücknahme der Anordnung. Die Frage ist nun die, ob sich B. durch die letztere einer Fahrlässigkeit schuldig gemacht hat, für die er nach § 839 haftet. Ich bejahe die Frage, denn der Einwand des A. ist nicht stichhaltig, da in der Anordnung der Sicherheitsleistung eine Ehrenverletzung nicht zu erblicken ist. A. durfte sich also durch die Ablehnung des B., mit der Begründung, die Sicherheitsleistung sei für ihn ehrverletzend, m. E. nicht zur Zurücknahme seiner Verfügung bestimmen lassen, denn ein anderer Pfleger war gewiß zu finden und infolge der Mitteilung des Gemeindewaisenrats war der Verdacht begründet, daß B. ein Spekulant und Spieler sei. Das Vermögen der zukünftigen Deszendenz des X. war somit gefährdet. Daß es sich nur, wie A. einwendet, um eine Ansichtssache handle, scheint mir nicht richtig. Unterläßt der Richter etwas, was nach den Umständen bei vernünftiger Überlegung nicht unterlassen werden darf, so kann er nicht auf sein pflichtgemäßes Ermessen bezug nehmen. A. hat also die ihm obliegende Amtspflicht einem Dritten — der zukünftigen Deszendenz des X. — gegenüber fahrlässig verletzt. Hierfür haftet A. nach § 839 Abs. 1 Satz 2 aber nur, wenn der Verletzte nicht auf andere Weise Ersatz zu erlangen vermag (Schutz des Beamten). Hier ist eine solche Ersatzleistung auf andere Weise nicht anzunehmen. Somit haftet A. der zukünftigen Deszendenz des X. für den Ausfall von 90 % (vgl. hierzu Rosenthal, Anm. 33 zu § 839).

Nach § 89 können sich die Geschädigten übrigens unter Umständen auch an den Fiskus halten. Nicht unbeachtet darf hierbei Art. 77 EG. bleiben. § 89 gilt nur für die Haftung des Fiskus im privatrechtlichen Verkehr. Es kann zweifelhaft sein, ob nicht danach hier die Landesgesetze Anwendung finden. Das wird davon abhängen, ob A. in Ausübung der ihm anvertrauten öffentlichen Gewalt dem X. einen Schaden zufügt. In diesem Falle würden die Landesgesetze Anwendung finden (s. Sächs. Archiv Bd. 9 S. 25, Bd. 11 S. 248).

Der Fall hat einiges Auffällige. Praktisch ist es nämlich schwer denkbar, daß eine so geringe Dividende herauskommt. Das Geld mußte doch mündelsicher angelegt werden (§§ 1806 ff.). § 1809 ist zu beachten. Hatte der Vormund zu seinen Verfügungen die Genehmigung des Gerichts (§ 1829)? Wohl nicht. Zu bedenken ist auch, daß die Forderung nach § 61 Ziff. 5 KO. bevorrechtigt ist.

Fall 411.

Für die Richtigkeit des Sitzungsprotokolls sind der Richter und Gerichtsschreiber verantwortlich. Sie dürfen in demselben die Vorgänge nur so darstellen, wie sie sich ihrer vollen Überzeugung nach zugetragen haben. Dabei können zwar Irrtümer vorkommen, aber die verantwortlichen Personen müssen dann von der Richtigkeit des irrtümlich Protokollierten überzeugt sein. Keinesfalls aber dürfen die genannten Personen, wie es hier der Fall ist, einen Vorgang zu Protokoll nehmen, wenn sie nicht bestimmt wissen, daß er sich wirklich abgespielt hat, und ihn nur deshalb protokollieren, weil er vielleicht die Regel bildet. In diesem Sinne lautet auch der Eid, den der Gerichtsschreiber bei seiner Anstellung zu leisten hat. Die verantwortlichen Beamten geben nun hier selbst ganz offen zu, daß das Protokoll hinsichtlich des Beeidigungsvermerks sehr wohl auf einem Irrtum beruhen könne. Damit geben sie zu, daß sie nicht von der Richtigkeit desselben überzeugt sind. Dann durften sie aber nicht eher etwas über die Beeidigung zu Protokoll nehmen, als bis sie über den wirklichen Vorgang klar geworden waren. Sie haben also die ihnen Dritten gegenüber obliegende Amtspflicht fahrlässig verletzt und haben daher nach § 839 dem Dritten den daraus entstandenen Schaden zu ersetzen.

Der Untersuchungsrichter dagegen hat nicht fahrlässig gehandelt. Da das Terminsprotokoll den vollen Beweis für die Richtigkeit der darin bezeichneten Vorgänge enthält, so konnte er sich darauf verlassen, ohne weiteren Beweis anzuordnen. Zugunsten des Beklagten sprechen auch die von ihm angeführten §§ 188 und 274 der StPO.

Fall 412.

Die Ansteckung im Geschlechtsverkehr führt eine Beschädigung der Gesundheit herbei. Sie erfolgt im vorliegenden Fall auch fahrlässig. Es kommt also § 823, insbesondere § 823 Abs. 2 in Frage. Fraglich ist nur, ob die Widerrechtlichkeit der Handlung deshalb ausgeschlossen ist, weil der Verletzte einwilligte. Dies ist zu verneinen, denn die Verletzte hat nur in die Handlung eingewilligt, gelegentlich deren die Verletzung erfolgte, nicht aber in diese selbst. Sie hätte es nie getan, wenn sie die Gefahr der Verletzung gekannt hätte. Dies ist allgemein anerkannt (vgl. Staudinger 2. Aufl. Bd. IIb S. 863). Beklagter kommt also insoweit nicht durch.

Auch ein konkurrierendes Verschulden (§ 254) liegt aus diesen Gründen nicht vor.

Beweist B., daß er nicht gewußt habe, daß Syphilis durch Küssen übertragbar ist, so ist nicht ganz ausgeschlossen, daß er durchkommt, denn dann könnte man vielleicht annehmen, er habe das Bewußtsein der Rechtswidrigkeit seiner Handlungsweise nicht gehabt, und dann fehlt es im Zivilrecht wie im Strafrecht am Verschulden, und es fällt die Fahrlässigkeit weg. Freilich wird das praktisch selten sein, denn daß Syphilis durch Küssen übertragen wird, ist ziemlich bekannt. Auch kann man wohl sagen, daß B., wenn er geschlechtskrank war, schon insofern fahrlässig handelte, als er überhaupt den Beischlaf ausübte. Die Ansteckung konnte ja noch viel leichter durch die Geschlechtsorgane erfolgen. So viel mußte er unbedingt. Er durfte sich daher gar nicht mit der A. einlassen. Das verlangte die im Verkehr erforderliche Sorgfalt. Oder wenn er es tat, mußte er sich über die Folgen erkundigen und mußte der B. mitteilen, daß er krank sei (vgl. auch Staudinger, 2. Aufl., Bem. 2 b zu § 276).

Die Höhe des Schadens ist nach §§ 823, 842, 843, 847 zu beurteilen. Heilungs- und Kurkosten sind nach § 843 zu zahlen. Daß die A. nicht heiraten kann, wird man als Nachteil für ihr „Fortkommen" im Sinne des § 842 wohl ansehen können (vgl. Staudinger, 2. Aufl., Bem. 2 zu § 842). Sie kann daher das Kapital, wenn § 843 Abs. 3 vorliegt, sonst nur eine Rente beanspruchen. Schmerzensgeld nach § 847 ist ihr ohne weiteres zuzubilligen.

Fall 413.

In Frage kommen, wie im Fall 412, die §§ 823, 842, 843, 847.

Welche Einwände könnte nun B. machen? Vielleicht, daß der Erwerb ein unsittlicher ist und deshalb die §§ 842, 843 nicht anwendbar sind? Dies verneine ich, weil diese Erwerbsart immerhin geduldet ist. Auch fehlt der Zusammenhang in dieser Hinsicht. Oder weil konkurrierendes Verschulden

(§ 254) vorliegt? Dies ist ausgeschlossen, weil die A. nur in den Beischlaf, aber nicht in die Verletzung willigte, selbst wenn sie Geld nahm (vgl. Fall 412). Oder daß keine Widerrechtlichkeit vorliegt, weil die A. Lustdirne ist? Auch das ist nicht haltbar, denn dadurch kann die Haftung für Gesundheitsbeschädigung nicht ausgeschlossen werden. Oder daß es sich beim Beischlaf gegen Entgelt um einen unmoralischen Vertrag (§ 138) handelt? Auch das ändert nichts an der Ersatzpflicht, denn die Ansteckung steht mit dieser Tatsache in gar keinem Zusammenhang.

Über den sog. „unmoralischen Vertrag" gibt es zahlreiche Literatur, auf die ich hier verweise. Hier sind aber diese Fragen meines Erachtens nicht entscheidend.

Lösungen zum 4. Buch.
Familienrecht.

Fall 507.

Das Verlöbnis ist ein familienrechtlicher Vertrag, in dem sich die Vertragschließenden gegenseitig die Heirat versprechen. Auf Eingehung der Ehe kann aber daraus nach § 1297 nicht geklagt werden. Nach § 1290 Abs. 2 ist auch das Versprechen einer Strafe für den Fall, daß die Eingehung der Ehe unterbleibt, nichtig. Mithin ist auch im vorliegenden Fall das Versprechen einer Konventionalstrafe seitens des B. an die A. nichtig. Die A. kann also, obgleich B. die Schuld an der Auflösung des Verlöbnisses trägt, die versprochenen 10000 M. keinesfalls von B. verlangen. Wohl aber kann sich die A. auf § 1299 stützen. Sie kann also nach Maßgabe des § 1298 verbunden mit §§ 249 ff. von B. Schadensersatz fordern. Die Voraussetzung hierzu ist natürlich, daß der A. überhaupt ein Schaden entstanden ist. Die Aufgabe sagt nichts hierüber, weshalb eine Erörterung der Frage nicht in Betracht kommt.

Fall 508.

Der Deflorationsanspruch bestimmt sich nach § 1300. Hier ist die Hauptfrage die, ob die A. noch eine „unbescholtene Verlobte" ist, insofern sie dem B. den Beischlaf schon mehrere Wochen vor der Verlobung gestattet hat. Die Frage ist bestritten. Sie kann nur nach den Umständen des einzelnen Falls beurteilt werden und ist nach der Rechtsprechung in der Regel zu verneinen (vgl. Staudinger, Bem. 1d zu § 1300).

Nach Annahme des Reichsgerichts liegt keine Bescholtenheit vor, wenn die Braut lediglich in Erwartung der nachfolgenden Eheschließung dem Bräutigam die Beiwohnung gestattet.

Fall 509.

Die Frage: Ist die Heirat gültig? ist der ganzen Sachlage nach dahin zu ergänzen: Ist die Heirat nach deutschen Gesetzen gültig? Dies ist zu verneinen, denn es steht fest, daß in China betreffs der Form über Eingehung der Ehe andere Vorschriften gelten als bei uns nach dem Personenstandsgesetz und den §§ 1303 ff. (s. auch Art. 40). Nach Art. 11, 13, 3 EG. kommt also eine nach deutschen Gesetzen gültige Ehe nicht zustande.

Wie, wenn die Trauung im Gesandtschaftshotel vorgenommen ist? Ist dies der Fall, so ist die Ehe nach Art. 11 Abs. 1 Satz 2 auch nach deutschen Gesetzen gültig, denn das Gebiet der auswärtigen Gesandtschaften gehört nach den mit China wie mit anderen Staaten abgeschlossenen Staatsverträgen nicht zum Reichsgebiet, sondern ist zu betrachten als exterritoriales Gebiet, wenigstens solange es dem Gesandtschaftszwecke dient. Auch sind die Personen unter denen die Eheschließung erfolgt, wie erforderlich, exterritoriale Personen. Die Formen des chinesischen Ritus sind aber, wie die Aufgabe hervorhebt, gewahrt. Die Ehe ist also als von Ausländern im Ausland geschlossen anzusehen. Da sie im Ausland gültig ist, ist sie dies auch im Inland. Der Fall könnte besser unter den Fällen über das Einführungsgesetz gelöst werden, da das internationale Privatrecht von entscheidender Bedeutung ist.

Über die im allgemeinen schwierige Materie vgl. Staudinger, Bd. VI Art. 13, Bem. 1 und bes. Bem. 2 B Abs. 3, C, D, F, S. 47.

Fall 510.

Nach § 1303 verbunden mit § 2 darf der Student, da er noch nicht volljährig ist, eine Ehe nicht eingehen, ebensowenig darf es das Mädchen, da es das 16. Lebensjahr nicht vollendet hat. Von diesem Erfordernis kann auch der Student nach § 1303 Abs. 2 im Gegensatz zu dem Mädchen nicht befreit werden. Trotz dieser Hindernisse wünschen die Konkumbenten und ihre Eltern die unverzügliche Verbindung. Ist diese zu erreichen? Diese Frage ist also im allgemeinen zu verneinen. Denkbar wäre nur, daß der Student nach Vollendung des 18. Lebensjahres für volljährig erklärt wird (§ 3).

Gesetzt der usw. Eine Anfechtung ist nicht möglich. Aus den §§ 1323 bis 1328 folgt zunächst, daß die trotz obiger Ehehindernisse abgeschlossene Ehe nicht nichtig ist, denn die Fälle der §§ 1324 bis 1328 liegen nicht vor. Aus § 1331 folgt weiter, daß die Ehe auch nicht anfechtbar ist, denn sie ist nicht nur mit Einwilligung, sondern sogar auf Wunsch der gesetzlichen Vertreter abgeschlossen worden. Es liegen also hier sog. aufschiebende Ehehindernisse vor, d. h. solche, welche der Standesbeamte beachten und bei deren Vorliegen er die Eheschließung nicht zulassen soll, welche aber, wenn der Standesbeamte sie aus Unkenntnis oder Versehen nicht beachtet und trotz ihres Vorhandenseins die Eheschließung zuläßt, das rechtliche Zustandekommen der Ehe nicht verhindern, sondern höchstens den Standesbeamten strafbar machen (vgl. Kom. von Rosenthal, Anm. 15 vor § 1323).

Welche Rechtsstellung erlangt das vor der Ehe erzeugte Kind? Das Kind wird nach § 1719 sofort mit Abschluß der Ehe ein eheliches.

Anm. Der Vater muß, wenn er gegenüber Dritten einen Beweis der Ehelichkeit des Kindes haben will, sein Kind noch vor dem Standesamt als von ihm erzeugt anerkennen. Sodann hat der Standesbeamte auf der Geburtsurkunde auf Antrag den Randvermerk zu machen, daß der Vater das Kind, welches bisher nach der Geburtsurkunde, die nur den Namen der Mutter angibt, als außerehelich galt, als von ihm erzeugt anerkannt habe. Auf Verlangen erhält sodann der Vater des Kindes eine Geburtsurkunde desselben ausgestellt, die diesen Randvermerk mit enthält, wodurch er sein Kind in der Schule oder, wo er sonst will, als eheliches legitimieren kann. Für die Frage, wann das Kind ein eheliches wird, hat diese Anerkennung, wie gesagt, keine Bedeutung, denn für sie gilt allein § 1718.

Fall 511.

Die Ehe ist vollkommen gültig. § 1323 sagt: „Eine Ehe ist nur in den Fällen der §§ 1323—30 nichtig.“ Damit sind nach der fast unstreitig herrschenden Auffassung (a. M. im wesentlichen nur Neumann) die allgemeinen Nichtigkeitsgründe §§ 116 ff. ausgeschlossen.

Da hier die Form des § 1317 gewahrt ist, ist die Ehe gültig.

Zu helfen ist nur durch Anfechtung seitens der beiden Ehegatten aus § 1332; denn sie haben offenbar eine tatsächliche Eheschließungserklärung nicht abgeben wollen. Bis zur Anfechtungsklage und der nachfolgenden Nichtigkeitserklärung sind sie aber rechtmäßige Ehegatten.

Eine andere Ansicht ist die folgende:

Der Fall hat mehrere Lösungen, je nachdem man annimmt, daß ein Dritter oder einer der Beteiligten selbst sich auf die Gültigkeit der Ehe beruft (worüber die Aufgabe keine Auskunft gibt, da der Leser selbst es finden soll).

Es soll zunächst angenommen werden, ein Dritter, z. B. ein Zuschauer, der irgendwelches Interesse an der Sache hat, beruft sich gegenüber einem anderen oder gegenüber einem Beteiligten auf die Gültigkeit der zwischen A. und B. abgeschlossenen Ehe. Das kann er nach § 118 nicht. Zwar sind die Vorschriften der §§ 1317 ff. über Eingehung der Ehe hier erfüllt. Die Beteiligten geben aber die Willenserklärungen vermutlich nur zum Scherz ab, denn es geschieht in einer Theatervorstellung, ferner geben sie dieselben in der Erwartung ab, der Mangel der Ernstlichkeit werde nicht verkannt werden. Den Umständen nach ist also zu vermuten, daß der Tatbestand des § 118 vorliegt. Die Ehe ist also von Amts wegen für nichtig zu erachten (vgl. über Nichtigkeit, Rosenthal, Anm. 55 zu § 139). Der Dritte, der eine nach §§ 1317 ff. gültige Ehe behauptet, muß also die Vermutung widerlegen. Der Gegenbeweis wird ihm nur dann gelingen, wenn die Aussagen der Beteiligten dahin gehen, daß sie ihre Erklärungen nicht im Sinne des § 118 abgegeben haben. Die Beteiligten würden hier entweder alle oder teilweise als Zeugen auftreten. Der Ort der Handlung kommt für die Frage der Gültigkeit nicht in Betracht.

Sodann soll angenommen werden, daß die Beteiligten sich selbst auf die Gültigkeit der Ehe berufen. Das könnten also der A., die B. und der Standesbeamte sein. Diese könnten sich aber wiederum unter sich und gegenüber einem Dritten darauf berufen. Hier ist wieder die Ungültigkeit aus obigen Gründen zu vermuten. Der das Gegenteil Behauptende müßte also wieder beweisen, daß die Erfordernisse des § 118 nicht vorliegen, die Erklärungen der Beteiligten also nicht als nichtig anzusehen seien. Es liegt sodann kein Grund vor, die Ehe als nichtig anzusehen, da der Ort der Handlung für die Gültigkeit nicht in Betracht kommt. Die Frage des Ehehindernisses ist nach §§ 1303 ff. zu beurteilen. In den letzten beiden Fällen, wenn also ein Dritter einem der Beteiligten gegenüber, oder einer der Beteiligten dem andern gegenüber die Nichtigkeit geltend macht, könnte der Beteiligte sich für den Fall, daß jenem der Beweis der Ernstlichkeit gelingt, unter Umständen immer noch auf § 116 Satz 2 stützen und behaupten, er habe sich insgeheim vorbehalten, das Erklärte nicht zu wollen und der andere habe den Vorbehalt gekannt, die Erklärung sei daher nichtig. Dies wird er aber durch Zeugenaussagen, die allein in Betracht kommen, schwer beweisen können, da es sich um innere Vorgänge handelt. Gelingt ihm aber der Beweis, so ist die Ehe, auch wenn kein Scherz vorliegt, auf Grund des § 116 Satz 2 als nichtig anzusehen.

Fall 512.

Fraglich ist, ob die A. berechtigt ist, die Herstellung des ehelichen Lebens zu verweigern (§ 1353). Dies ist sie nach § 1353 unter anderem dann, wenn sie berechtigt ist, auf Scheidung zu klagen. Dies wiederum ist der Fall, wenn die Erfordernisse des § 1568 vorhanden sind (Zerrüttung des ehelichen Verhältnisses).

Ob Geschlechtskrankheit eine solche Zerrüttung herbeiführen kann, ist bestritten. Heymann (D. Jur.-Z. 1902 S. 113) behauptet, im Abschluß der Ehe seitens eines Geschlechtskranken könne ein Scheidungsgrund nach § 1568 erblickt werden. Staudinger (Bem. 6 zu § 1568) gibt nur zu, daß die Betätigung des ehelichen Geschlechtsverkehrs trotz Kenntnis der eigenen Infektion als Scheidungsgrund in Betracht kommt. Zu beachten ist aber, daß hier die Ansteckung erst nach Eheschluß eingetreten zu sein scheint. Dann muß also Ehebruch vorliegen.

Die einstweilige Verfügung auf Herausgabe der Tochter scheint mir nicht so ohne weiteres durchführbar. Dazu wäre nachzuweisen, daß Gefahr vorliegt oder es sich um Regelung eines einstweiligen Zustandes handelt (§§ 917, 936, 940 ZPO.). Solange die Scheidung nicht erfolgt ist, steht grundsätzlich die Sorge für die Person des Kindes dem Vater zu (§§ 1631, 1632). Ausnahmefälle enthalten z. B. §§ 1666, 1667. Erst für den Fall der Scheidung gibt § 1635 eine Bestimmung, nach der unter Umständen auch die Ehefrau Ansprüche auf die Kinder hat.

Vor der Ehescheidung behält also der Vater die Sorge für die Person des Kindes. Diese umfaßt aber nach § 1631 auch das Recht, seinen Aufenthalt zu bestimmen und nach § 1632 auch das Recht, seine Herausgabe von jedem zu verlangen, der es dem Berechtigten widerrechtlich vorenthält.

Ohne weiteres wird also die Mutter nicht auf Herausgabe des Kindes klagen können. Sie kann aber das Vormundschaftsgericht zu veranlassen suchen, einen Beschluß nach § 1666 zu erlassen, wodurch dem Vater die Sorge für die Person entzogen werden könnte. Damit wird sie aber nicht ohne weiteres durchkommen. Denn das Verhalten des Vaters war noch kein derartiges, daß für das Kind unbedingt etwas zu befürchten ist, selbst wenn es zur Ehescheidung berechtigt. Deshalb scheint die Unterbringung an anderer Stelle nicht erforderlich. Hervorzuheben ist, daß durch den Beschluß nach § 1666 nicht etwa die Mutter die elterliche Gewalt an Stelle des Vaters erhält, weil die Verbindung auf einem rechtlichen Grunde beruht, nicht auf einem tatsächlichen. Das hindert aber nicht, daß das Kind bei der Mutter untergebracht wird. Die Klage müßte dann ein Pfleger anstellen (vgl. Staudinger, Bem. VII zu § 1666).

Fall 513.

Zunächst ist, wie in allen derartigen Fällen, zu fragen, in welchem Güterrechtssystem die Ehegatten leben. In Ermangelung einer besonderen Bestimmung ist das gesetzliche anzunehmen, also die Verwaltungsgemeinschaft nach §§ 1363 ff. Zwischen der Ehefrau und dem Photographen ist nun ein

Werkvertrag nach §§ 631 ff. abgeschlossen worden, der aber nach § 651 nach den Regeln des Kaufes zu beurteilen ist, da der Unternehmer den Stoff liefert. Der Photograph hat die Leistung angeboten, die Ehefrau hat sie aber nicht angenommen, und jener klagt nun gegen den Ehemann den Kaufpreis ein, verlangt also Erfüllung. Worauf stützt sich der Photograph, wenn er gegen den Ehemann klagt? Nach § 1399 ist die Frau völlig selbständig, wenn sie sich zu einer Leistung verpflichtet (im Gegensatz zu Verfügungen über eingebrachtes Gut §§ 1395—98). Hier hat sich nun die Frau zur Bezahlung des Kaufpreises verpflichtet. Sie haftet prinzipiell für die Zahlung des Kaufpreises allein. Es fragt sich aber, ob nicht nach § 1399 Abs. 2 Satz 2 der Ehemann aus diesem Geschäft belangt werden kann. Danach muß der Mann, wenn er, wie hier, dem Rechtsgeschäft nicht zustimmt, dieses, soweit das eingebrachte Gut bereichert ist, nach den Vorschriften über die Herausgabe einer ungerechtfertigten Bereicherung (§§ 812, 818, 819) gegen sich gelten lassen. Es fragt sich also: Ist durch den Vertrag der Ehefrau mit dem Photographen das eingebrachte Gut bereichert? Das ist zu verneinen. Denn die Frau will mit dem Geschenk, wie der Text ausdrücklich hervorhebt, ihren Ehemann überraschen, ihre Absicht ist also — wenigstens muß das vermutet werden — den Preis aus ihrem Vorbehaltsgut zu zahlen und das Eigentum an dem Bilde dem Mann allein zu überlassen. Das eingebrachte Gut, also das der Verwaltung des Mannes unterliegende Gut der Ehefrau, ist also nicht bereichert. Somit kommen hier allein die Regeln über das Vorbehaltsgut (§§ 1365 ff.) zur Anwendung. Nach § 1371 finden auf dieses die bei Gütertrennung für das Vermögen der Frau geltenden Vorschriften Anwendung. Diese sind in den §§ 1427—31 enthalten. Daraus, insbesondere aus § 1430 (e contrario) folgt, daß der Mann mit dem Vorbehaltsgut der Frau nichts zu tun hat, sondern die Frau selbständig darüber verfügen kann, somit auch nur die Frau auf eine Leistung, die sich auf das Vorbehaltsgut bezieht, belangt werden kann. Vorausgesetzt wird natürlich, daß der Photograph die erwähnten näheren Umstände kennt.

Anm. Ähnlich würde der Fall liegen, wenn die Frau z. B. Schmuckgegenstände bestellt und der Verkäufer gegen den Ehemann auf die Gegenleistung klagt, dieser aber die Leistung verweigert und damit seine Nichtgenehmigung ausdrückt. Schmuckgegenstände fallen nach § 1366 in das Vorbehaltsgut der Frau, wenn sie geliefert werden, so liegt also keine ungerechtfertigte Bereicherung des eingebrachten Gutes im Sinne des § 1399 vor. Somit braucht der Mann das Rechtsgeschäft nicht gegen sich gelten zu lassen. In diesem Falle ist dies ohne weiteres erkennbar.

Praktisch wird es für den Kläger in solchen Fällen, wo die Frau bestellt, der Mann aber nicht zugestimmt hat, sein, den Mann auf Grund von § 1399 mit zu verklagen, soweit das eingebrachte Gut bereichert ist. Die Klage gegen den Mann würde außerdem darauf gehen müssen, die Zwangsvollstreckung, soweit das eingebrachte Gut bereichert ist, zu dulden.

Fall 514.

Die Vorschriften über den gesetzlichen Güterstand enthalten die §§ 1363 ff. Nach § 1363 wird das Vermögen der Frau von der Eheschließung ab der Verwaltung und Nutznießung des Mannes unterworfen. Nach § 1367 ist indessen das, was die Frau durch ihre Arbeit oder durch den selbständigen Betrieb eines Erwerbsgeschäfts erwirbt, Vorbehaltsgut, auf das sich nach § 1365 die Verwaltung und Nutznießung des Mannes nicht erstreckt. Auf dieses finden nach § 1371 die bei Gütertrennung für das Vermögen der Frau geltenden Vorschriften Anwendung (§§ 1426 ff.). Da die A. das Geschäft im eigenen Namen betrieben hat, ist anzunehmen, daß sie es selbständig betrieben hat und daß sie auch in der Ehe die Absicht hat, dies weiter zu tun. Daher hat sie in dieser Hinsicht freie Verfügung. Der Mann ist mit seiner Klage abzuweisen.

Staudinger (Bem. 3 zu § 1367) meint, daß ein selbständiger Betrieb der Frau nicht vorliege, wenn das Geschäft nicht von ihr, sondern vom Manne auf Grund seines gesetzlichen Verwaltungsrechts geführt wird, wie eine Vergleichung mit § 112 ergebe. Er belegt das mit zahlreicher Literatur. Hiernach wird es immer auf den einzelnen Fall ankommen.

Von Bedeutung sind diese Fragen in der Praxis für Dritte, die klagen und vollstrecken wollen. Ins Geschäft der Frau können sie ohne weiteres vollstrecken, in ihr übriges Vermögen aber nur, wenn sie behauptet haben, daß der Mann das abgeschlossene Rechtsgeschäft genehmigt hat oder daß die Frau ihr Geschäft mit Genehmigung des Mannes betreibt. Deshalb ist es vorteilhaft, den Ehemann mit zu verklagen, seine Genehmigung zu behaupten und im Klagantrag die Verurteilung desselben zur Duldung der Zwangsvollstreckung ins eingebrachte Gut der Frau zu beantragen.

Fall 516.

Es ist wieder zu fragen: In welchem Güterrechtssystem leben die Ehegatten? Wieder muß in Ermangelung einer besonderen Bestimmung in der Aufgabe angenommen werden, daß Verwaltungsgemeinschaft (§ 1363, §§ 1373 ff.) vorliegt. Hierauf folgt die weitere Frage: Ist das Klavier als eingebrachtes oder als Vorbehaltsgut anzusehen? Die Antwort gibt anscheinend die Aufgabe, denn sie sagt, das Klavier sei eingebracht. Ist der Ausdruck im juristischen Sinne gebraucht, dann würden auf das Klavier die §§ 1363, 1373 ff. Anwendung finden müssen. Nun scheint mir fraglich, ob nicht § 1366 in Frage kommt. Danach sind Vorbehaltsgut die ausschließlich zum persönlichen Gebrauch der Frau bestimmten Sachen. Das Resultat ist also: Benutzt der Ehemann der A. das Klavier ebenfalls, so ist es eingebrachtes Gut, benutzt er es nicht, so ist es Vorbehaltsgut. Es kommt also stets auf die Umstände des einzelnen Falles an. Ich will zunächst annehmen, das Klavier sei eingebrachtes Gut.

Frage 1 und 2: Nach § 1375 darf der Mann über eingebrachtes Gut nicht ohne Zustimmung der Frau verfügen. Er darf nur, wie § 1373 sagt, die zum eingebrachten Gut gehörigen Sachen in Besitz nehmen. Welche Folgen hat nun die Verfügung des Mannes der A.? Dieser ist nach § 1373 Besitzer des Klaviers, denn er hat die tatsächliche Gewalt an dem Klavier zur Zeit des Verkaufs. Er kann daher auch Besitz und Eigentum an B. übertragen. Mangelt aber die nach § 1375 erforderliche Zustimmung der Frau, so bemißt sich vorbehaltlich der Bestimmungen über den Schutz des guten Glaubens (s. insbes. §§ 932 ff.) und die Herausgabe einer ungerechtfertigten Bereicherung (§§ 812 ff.) die Wirksamkeit der Verfügung des Mannes, wenn er im eignen Namen handelte, nach § 185 (vgl. Staudingers Kom. Bem. 3 zu § 1375 am Schluß). Hiernach hängt die Wirksamkeit des Verkaufs von der Genehmigung der A. ab. Diese verweigert sie aber. Der Käufer erlangt daher kein Eigentum an dem Klavier, falls ihn nicht die §§ 932 ff. schützen. Ob letzteres der Fall ist, das zu erörtern, ist hier nicht die Aufgabe. Gefragt wird in der Aufgabe, ob die A. das Klavier vor und nach Auflösung der Ehe vindizieren kann, womit gemeint ist, ob sie aktiv legitimiert zur Klage ist. Vor Auflösung der Ehe kann die A. nach § 1400 Abs. 2 nicht klagen, denn danach kann sie ein zum eingebrachten Gute gehöriges Recht, das ist hier das Eigentumsrecht, an dem Klavier im Wege der Klage nicht ohne Zustimmung des Mannes geltend machen. Diese Zustimmung hat nun der Mann der A. nicht gegeben, es ist auch nicht zu vermuten, daß er sie geben wird, denn dadurch würde er ja seine eigne Verfügung, den Verkauf, rückgängig machen. Danach wird die A. ruhig bis zur Auflösung der Ehe mit ihrer Klage warten müssen. Die Zustimmung kann nicht durch das Vormundschaftsgericht ersetzt werden, wie es in § 1379 bei der fehlenden Zustimmung der Frau als zulässig erklärt wird. Auch § 1402 ist nicht anwendbar, wonach die Zustimmung des Mannes ersetzt werden kann. Denn es handelt sich nicht um Besorgung von persönlichen Angelegenheiten der Frau. — Nach Auflösung der Ehe ist dagegen die Ehefrau A. berechtigt, die Klage gegen den Käufer des Klaviers anzustellen. Dies dürfte sich aus dem Vorherigen ergeben.

Frage 3: Ist der Mann dazu befugt?

Nach § 1380 kann der Mann ein zum eingebrachten Gut gehöriges Recht im eignen Namen gerichtlich geltend machen. Die Frage ist also zu bejahen. Der Umstand, daß der Ehemann der A. seine eigne unrechtmäßige Verfügung dadurch rückgängig macht, steht nicht im Wege. Er kann also auf Herausgabe des von ihm selbst eben erst verkauften Klaviers klagen, indem er sich auf § 188 verbunden mit § 1375 stützt.

Frage 4: Hat der Ehemann das Klavier im Namen seiner Frau aber ohne Vertretungsmacht verkauft, so ist nicht § 185, sondern es sind §§ 177 ff. anzuwenden. Die Wirksamkeit des Vertrags hängt von der Genehmigung der A. ab, doch kann wiederum nach §§ 932 ff. Eigentum auf den Käufer übergehen (vgl. Staudinger, Bem. 3 zu § 1375 am Schluß). Da die Genehmigung nicht erteilt wurde, ist die Verfügung unwirksam. Aber zur Klage ist auch hier nach § 1400 Abs. 2 nur der Mann berechtigt. Nur mit Zustimmung des Mannes kann die A. vor Auflösung der Ehe klagen.

Nach Auflösung der Ehe kann die Frau ohne weiteres klagen.

Der Mann kann im vorliegenden Falle nach § 1380 die Klage im eignen Namen oder auch im Namen der Frau anstellen (vgl. Staudinger, Bem. 3 zu § 1380).

Anm. 1 Den Fall, daß das Klavier Vorbehaltsgut ist, habe ich gar nicht erörtert, obwohl das anzunehmen ist, sobald der Mann es nicht mitbenutzt. Denn es ist offenbar nicht der Zweck der Aufgabe, dies zu erörtern, die Sache läge dann zu einfach. Nach § 1371 finden bezüglich des Vorbehaltsguts die bei der Gütertrennung für das Vermögen der Frau geltenden Vorschriften entsprechende Anwendung, also die §§ 1427—32. Aus diesen, insbesondere aus § 1430 e contrario, sowie aus § 1365 folgt, daß die Frau frei über ihr Vorbehaltsgut verfügen kann. Der Ehemann der A. durfte also das Klavier nicht ohne Zustimmung seiner Frau an B. verkaufen.

Hiernach kann die A. das Klavier, wenn es Vorbehaltsgut ist, schon während der Ehe im eignen Namen vindizieren, um so mehr natürlich nach Auflösung der Ehe.

Anm. 2. Wie schon angedeutet, will die Aufgabe nur die Frage erörtert haben, inwieweit die Ehegatten zur Klage aktiv legitimiert sind. Eine ganz andere Frage ist die, ob der Käufer B. auf die Klage nicht vielleicht einwenden kann, daß er nach § 932 gutgläubig Eigentum am Klavier erlangt habe. Wenn auch die A. den Verkauf und die Übergabe nicht genehmigt hat, so war doch B. im guten Glauben oder dies muß wenigstens vermutet werden. Es scheint mir aber § 935 anwendbar. Das Klavier kann als „sonst abhanden gekommen" angesehen werden, weil es wider Willen der Frau abhanden kam (vgl. Staudinger, Bem. 1 zu § 935). Ist das Klavier eingebrachtes Gut, so widerspricht allerdings § 1373, wonach der Mann den Besitz am eingebrachten Gut erlangt. Diesen überträgt er auf den Käufer. Hier wird also § 935 nicht einschlagen. Der Dritte erlangt Eigentum. Nicht dagegen erlangt er es, wenn das Klavier Vorbehaltsgut ist.

Anm. 3. Was für Maßregeln könnte man der Frau empfehlen, um die durch die Verzögerung der Klage drohenden Nachteile zu vermeiden? B. kann z. B. inzwischen das Klavier weiter verkaufen usw.

Fall 518.

1. Die Vorschriften über die allgemeine Gütergemeinschaft geben die §§ 1438 ff. Nach § 1443 unterliegt das Gesamtgut der Verwaltung des Mannes und ist der Mann berechtigt, die zum Gesamtgut gehörenden Sachen in Besitz zu nehmen und über das Gesamtgut zu verfügen. Die Ausnahmen hierzu enthalten die §§ 1444 bis 1454, § 1357 (vgl. Staudinger, Bem. 4 b zu § 1443). Zur Verwaltung gehört gerade in erster Linie der Abschluß von Verträgen und die Geltendmachung der Ansprüche im Prozesse im eigenen Namen.

Ein Ausnahmefall liegt hier nicht vor, denn es handelt sich um einen Kauf, also ein gewöhnliches zweiseitiges Rechtsgeschäft, das die Frau ohne Einwilligung des Mannes vorgenommen hat. Nach § 1443 war hierzu die Einwilligung des Mannes nötig, weil der Schrank zum Gesamtgut gehörte. Ob und wieweit der Vertrag gültig ist, ist eine materiellrechtliche Frage (s. unter 4.). Der Käufer wendet in erster Linie ein, der Ehemann A. sei nicht aktiv legitimiert, weil die Ehefrau dem Prozesse nicht beigetreten sei. Dem steht § 1443 entgegen. Zur Verwaltung des Gesamtgutes gehört auch die Klage auf Herausgabe eines Gegenstandes. Hinsichtlich des Gesamtguts ist also in der Regel die Frau nicht aktiv legitimiert, die Rechte betreffs des Gesamtguts sind vielmehr vom Manne im eigenen Namen geltend zu machen, gleichgültig, ob es sich um Aktiv- oder Passivprozesse handelt (vgl. Staudinger, Bem. 5 c zu § 1443, Gaupp, Bem. 4 A, 2 zu § 52).

Hiernach braucht die Frau also nicht beizutreten, welcher Ausdruck übrigens unklar und nicht empfehlenswert ist, denn unter Beitritt im juristischen Sinne ist etwas anderes zu verstehen. Ist damit ihre Zustimmung zur Prozeßführung gemeint, so ist diese nicht nötig.

2. Eine Klage der Frau mit Einwilligung des Mannes ist hiernach im Falle des Abs. 1 nicht zulässig, damit ist auch Abs. 3 des Falls zum Teil erledigt.

3. Bei der Errungenschaftsgemeinschaft (vgl. §§ 1519, 1549) ist ebenfalls nur der Mann aktiv legitimiert, falls der Schrank während der Ehe vom Mann oder von der Frau erworben wurde, denn dann gehört er zum Gesamtgut (vgl. Gaupp, Bem. 4 A, 2 zu § 52) und auf dieses finden die Vorschriften über die allgemeine Gütergemeinschaft Anwendung. Gleichgültig ist dabei, ob der Schrank vom Manne oder von der Frau erworben wurde.

Wurde der Schrank vor der Eheschließung vom Manne oder von der Frau erworben, so ist er eingebrachtes Gut im Sinne des § 1520. Danach gelten im allgemeinen die Vorschriften des gesetzlichen Güterstandes für die Verwaltung. § 1380 ist hierfür von entscheidender Bedeutung. Nach § 1380 kann der Mann ein zum eingebrachten Gut der Frau gehörendes Recht im eigenen Namen gerichtlich geltend machen. Dazu gehört sicherlich das Recht auf Herausgabe des Schrankes. Somit kann der Mann allein klagen. Gehörte ihm der Schrank selbst, so ist er hierzu um so mehr berechtigt.

Gehörte der Schrank der Frau, so kann nach § 1400 Abs. 2 auch die Frau den Prozeß im eigenen Namen führen, aber nur mit Zustimmung des Mannes. Ohne diese Zustimmung kann sie nach § 1400 Abs. 2 während der Ehe niemals Prozesse über eingebrachtes Gut führen (vgl. Staudinger, Bem. 3 zu § 1400). Keinesfalls ist also hier der Beitritt der Frau erforderlich.

4. Die Aufgabe enthält noch mehr. Denn es heißt, daß der Käufer bestreitet, daß der Anspruch begründet ist. Das betrifft also die materiellrechtliche Seite. Diese Verfügung ist nicht zu verwechseln mit der Befugnis, Prozesse zu führen. Es fragt sich, ob solche Verfügungen der Frau, die sie ohne Genehmigung des Mannes vornimmt, wirksam sind. Beim gesetzlichen Güterstand gelten §§ 1395 ff. Nach § 1396 ist, wenn die Frau durch Vertrag über eingebrachtes Gut ohne Einwilligung des Mannes verfügt, dieser Vertrag unwirksam. Eine solche Verfügung durch Vertrag liegt hier vor. Hiernach würde der Mann im Falle der Errungenschaftsgemeinschaft den Schrank, den die Frau mit in die Ehe brachte, für das Gesamtgut beanspruchen können, er könnte auf Rückgängigmachung des Vertrags klagen oder vielleicht, falls der Kaufpreis noch nicht bezahlt ist, auf Grund von §§ 812 ff.

Im Falle der Gütergemeinschaft gelten besonders für die Wirksamkeit eines solchen Vertrages die allgemeinen Vorschriften über die Wirksamkeit der von nichtberechtigten Personen vorgenommenen Rechtsgeschäfte. Hiernach wären Verfügungen (auch der Frau gegenüber) unwirksam, während obligatorische Rechtsgeschäfte ihr gegenüber wirksam, dem Manne gegenüber in Ansehung des Gesamtguts unwirksam sind. Staudinger, Bem. 4 c zu § 1443 zieht hier zum Vergleiche die §§ 182 bis 185 heran und fährt fort:

„Soweit dagegen für den Mann die Einwilligung der Frau für erforderlich erklärt ist, gilt dies gemäß §§ 1444 bis 1446 nicht nur für Verfügungen sondern auch für die entsprechenden obligatorischen Rechtsgeschäfte."

Hiernach wäre zwar der Schrankverkauf wirksam, aber dem Manne gegenüber in Ansehung des Gesamtguts unwirksam. Danach scheint mir, daß der Mann in diesem Falle nicht auf Herausgabe des Schrankes klagen kann.

Fall 522.

Die alte Streitfrage, ob zum Ehebruch immissio seminis erforderlich ist, hat die neuere Rechtsprechung verneinend beantwortet. Es genügt Vereinigung der Geschlechtsteile (vgl. Staudinger, Bem. 1a zu § 1565). Die Klage des A. ist also nach § 1565 begründet.

Die Widerklage könnte vielleicht nach § 1568 Erfolg haben, falls die B. beweist, daß A. seiner Verpflichtung nach § 1353 nicht nachgekommen ist, was natürlich nicht der Fall wäre, falls die Gesundheit des A. den Geschlechtsverkehr nicht dulden würde.

Fall 523.

Der Fall ist instruktiv für die Frage der Ehelichkeit. Nach §§ 1602, 1627 ff. hat der Vater die A. zu unterhalten, wenn sie sein eheliches Kind ist. Da die A. am 27. Dezember 1900 geboren ist, die Ehe aber am 10. Juli 1900 geschieden worden ist, so hat die A. nach §§ 1593, 1592, 1591 zunächst als ehelich zu gelten, denn sie ist noch innerhalb 302 Tagen nach Auflösung der Ehe geboren. Die Ehelichkeit der A. ist also zu vermuten. Wenn daher der Vater der A. von der A., gesetzlich vertreten durch ihren nach § 1909 bestellten Pfleger, auf Zahlung des Unterhalts verklagt wird, so hat er, wenn er sich mit der Behauptung der Unehelichkeit des Kindes verteidigt, diese Behauptung zu beweisen. In der Aufgabe wird nicht näher festgestellt, worauf sich dies stützt, da es vermutlich die Absicht des Verfassers ist, die verschiedenen Möglichkeiten zu erörtern. Zunächst könnte sich der Vater der A. darauf stützen, daß seine Frau das Kind nicht vor oder während der Ehe empfangen habe, und daß es deshalb nach § 1591 nicht ehelich sei. Das ist ausgeschlossen, da es feststeht, daß die A. am 27. Dezember 1900 geboren ist, die Ehe ihrer Eltern aber am 10. Juni 1900 geschieden worden ist. Die Empfängniszeit, also nach § 1592 die Zeit vom 181. bis zum 302. Tage vor dem Tage der Geburt des Kindes, fällt daher ohne Zweifel noch in die Zeit des Bestehens der Ehe. Weiter kann der Vater der A. behaupten — und hierauf stützt er sich wahrscheinlich, wie man aus der Beweisaufnahme entnehmen kann — daß nach § 1591 die A. deshalb nicht ehelich sei, weil es den Umständen nach offenbar unmöglich sei, daß seine Ehefrau das Kind von ihm empfangen habe. Der Umstand, auf den sich der Vater der A. in diesem Falle beruft, besteht darin, daß er von seiner Frau, wie die Beweisaufnahme ergibt, offenbar schon längere Zeit vor Scheidung der Ehe in derselben Stadt getrennt und sie mit einem anderen Mann im Konkubinat gelebt hat. Daraus folgert er, daß der Beischlaf zwischen ihm und seiner Ehefrau ausgeschlossen gewesen sei und er sonach den Gegenbeweis zu § 1591 Abs. 1 Satz 2 geführt habe. Dieser Gegenbeweis ist aber nicht als erbracht anzusehen. Denn es ist den Umständen nach, besonders da die Eheleute zur fraglichen Zeit in derselben Stadt wohnen, nicht ausgeschlossen, daß der Vater der A. seiner Frau, trotzdem diese mit einem anderen Manne im Konkubinat lebt, noch bis zur Ehescheidung beigewohnt hat. Daß die Frau ihren Ehemann überhaupt schon vor Beginn der Empfängniszeit verlassen hat — es wäre dies also in der Zeit vom 181. bis 302. Tage vor dem 27. Dezember 1900 — ist noch nicht einmal festgestellt. Die Vermutung der Ehelichkeit ist also nicht widerlegt. Die A. ist also mangels eines Gegenbeweises als ehelich zu betrachten, und ihr Vater ist auf ihre Klage hin zur Bestreitung ihres Unterhalts zu verurteilen. Die von A. formell richtig erhobene Widerklage, die zugleich eine Anfechtungsklage nach § 1598 ist, ist daher abzuweisen.

Anm. § 1591 Abs. 1 Satz 2 umfaßt abgesehen von dem häufigsten Fall, daß die Frau dem Mann nicht beigewohnt haben kann, z. B. auch den Fall der Impotenz des Mannes, die allerdings wohl nicht zu leicht feststellbar ist. Auch die Möglichkeit der Sterilität der Frau gehört hierher.

Wie steht es, wenn der Mann im Gefängnis war und darauf die Behauptung nach § 1591 Abs. 1 Satz 2 stützt? Auch hier liegt wohl nicht unbedingt Unmöglichkeit vor, es wird auf die näheren Umstände ankommen.

Fall 524.

Die Bestellung des Abwesenheitspflegers — nicht Vormunds, wie die Aufgabe sagt — für den A. ist gemäß § 1911 erfolgt. A. hat nach §§ 1601 ff., 1627 ff. die Pflicht, seine ehelichen Kinder zu unterhalten und so auch das während seiner Abwesenheit bei Bestehen der Ehe von seiner Ehefrau geborene Kind. Der Pfleger will aber hier das Bestehen dieser Pflicht bestreiten, indem er die Ehelichkeit des Kindes bestreitet und behauptet, daß das Kind von einem anderen herrühre. Er erhebt daher gemäß §§ 1593 ff. die Anfechtungsklage. Insbesondere stützt er sich auf § 1591 Abs. 1 Satz 2 und behauptet, daß es den Umständen nach unmöglich ist, daß die Ehefrau des A. das fragliche Kind von A. empfangen hat. Die Abwesenheit des A. ist zu vermuten, denn sonst wäre die Pflegschaft nicht eingeleitet worden, somit auch das Vorliegen von § 1591 Satz 2. Der Pfleger ist aber trotzdem mit der Klage abzuweisen nach § 1595. Danach kann die Anfechtung der Ehelichkeit nicht durch einen Vertreter erfolgen, der Pfleger ist aber ein solcher ohne Zweifel. Er ist zwar ein gesetzlicher Vertreter, aber § 1595 Abs. 2 schlägt nicht ein, denn A. ist nicht geschäftsunfähig, sondern abwesend. Somit muß der Pfleger des A. das Kind bis zu dessen Rückkehr aus dem von ihm verwalteten Vermögen des A. unterhalten. Nur A. selbst kann nach seiner Rückkehr, insbesondere unter Beobachtung des § 1594, die Anfechtungsklage erheben.

Zuständig ist die Zivilkammer des Landgerichts (§§ 640 f. ZPO.).

Fall 526.

Der Kläger stützt sich auf § 1627, wonach er das Recht und die Pflicht hat, für die Person und das Vermögen des Kindes zu sorgen. Hierunter fällt nach § 1631 auch die Erziehung und somit, wie man die Vorschrift erweiternd auslegen muß, auch die religiöse Erziehung des Kindes, welche durch das BGB. nicht näher geregelt wird, sondern nach Art. 134 EG. durch die Landesgesetze.

Die Frage, ob das Recht des Vaters dadurch, daß sein Kind wider seinen Willen in einem anderen Glauben getauft wird, beeinträchtigt wird, kann nicht nach dem BGB. beantwortet werden. Es ist ein Prinzip des katholischen wie des protestantischen Kirchenrechts, daß jede Taufe, die rituell formrichtig ist, als gültig anzusehen ist. Erst durch die Konfirmation bzw. Firmelung erfolgt die wahre Aufnahme des Kindes in die Kirche. Die Taufe gibt dem Kinde nur den Charakter als Christ. Da der Vater demnach jederzeit sein Kind trotz der katholischen Taufe nach seinem Belieben erziehen kann, so hat er an der alsbaldigen Feststellung, die er wünscht, jetzt wohl noch kein Interesse. Ein solches tritt erst ein, wenn das Kind schulpflichtig wird, also mit dem sechsten Lebensjahre. Denn dann würde von der Schule aus möglicherweise, da das Kind katholisch getauft ist, die Einwilligung des Vaters zur Teilnahme am katholischen Religionsunterricht vorausgesetzt werden. Auch dann könnte aber der Vater noch Einspruch erheben und die Teilnahme des Kindes verhindern. Die Taufe ist dann auch ohne die Klage des Vaters wirkungsvoll. Hiernach ist es leicht möglich, daß das Gericht die auf Grund von § 256 ZPO. erhobene Feststellungsklage abweist, weil vorläufig noch kein Interesse an alsbaldiger Feststellung vorliegt.

Fall 527.

Nach § 1649 hat der Vater kraft der elterlichen Gewalt die Nutznießung am Vermögen des Kindes mit Ausnahme des sog. freien Kindesvermögens (§§ 1650, 1651). Es ist also zu untersuchen, welcher Art das Vermögen ist, welches das Kind im vorliegenden Falle erwirbt.

Die Einnahmen des Kindes durch eigene Arbeit gehören nach § 1651 Abs. 1 zum freien Kindesvermögen. Ebenso ist das bei den Geschenken der Fall, und zwar nach § 1650, denn sie sind hier offenbar zum persönlichen Gebrauche des Kindes des A. bestimmt. Da der Vater das ganze Vermögen für die Tochter und für sich verwendet, so verwaltet er es tatsächlich auch, obgleich er kein Verwaltungsrecht hat. Für die Verwaltung mußte er vielmehr wegen voraussichtlich widerstreitender Interessen unter allen Umständen die Bestellung eines Pflegers nach § 1909 bei dem zuständigen Amtsgericht beantragen. Wenn dieses das Vorliegen widerstreitender Interessen nicht annahm oder ihm in Anbetracht der Verhältnisse einstweilen die Verwaltung überließ, so hatte er jedenfalls insofern seine Pflicht getan, während er dadurch, daß er von den Einnahmen seinen Unterhalt bestreitet — selbst wenn er ein Recht auf Ersatz hatte — pflichtwidrig handelt. Eine ganz andere Frage ist die, ob er überhaupt ein Recht hatte, diese Einnahmen in der geschilderten Weise zu verwenden. Diese soll nun besprochen werden.

Der A. verteidigt sich mit der Behauptung, die Kosten der Ausbildung und des Unterhalts des Kindes hätten den Erwerb überstiegen. Diese Kosten seien aber Aufwendungen, die er den Umständen nach für erforderlich halten dürfe. Entscheidend ist hier § 1648. Danach kann A. Ersatz verlangen, falls er die Aufwendungen für erforderlich halten durfte. Das bestreiten die Kläger, aber vielleicht mit Unrecht. Daß A. außergewöhnliche Aufwendungen gemacht hat, insbesondere bei der Ausbildung seiner Tochter, und daß er sie zum großen Teil für erforderlich halten durfte, ist wahrscheinlich. Er wird es allerdings beweisen müssen. Keinesfalls werden daher die Kläger den gesamten durch die Konzerte erzielten Erwerb nebst Zinsen und die Geschenke von A. erlangen können. Zu untersuchen ist natürlich, inwieweit die Aufwendungen wirklich erforderlich waren. Bleibt dann zwischen den wirklichen Ausgaben und den als erforderlich vom Richter festzustellenden eine Differenz, so hat A. diese zu ersetzen. Sind die Aufwendungen größer als die Einnahmen, so hat A. nach § 1648 keinen Ersatz zu leisten.

Bei Feststellung der Ersatzfrage ist zu berücksichtigen, ob und inwieweit die von A. gemachten Aufwendungen dem A. nach § 1648 selbst zur Last fallen. Hinsichtlich der Sorge für die Person kommen hier die Vorschriften über die Unterhaltspflicht (§§ 1601 ff.), hinsichtlich der Sorge für das Vermögen die Bestimmungen des § 1654 über die Verpflichtung des Gewalthabers zur Tragung der Lasten des seiner Nutznießung unterliegenden Vermögens in Betracht. Nach § 1602 z. B. hat der Vater das Kind, selbst wenn es Vermögen hat, insoweit zu unterstützen, als die Einkünfte von dessen Vermögen und der Ertrag von dessen Arbeit zum Unterhalte nicht ausreichen. Die Entscheidung dieser Frage hängt ganz von den Vermögensverhältnissen des Vaters selbst ab. Es kann sein, daß der Vater mittellos war und das zur Ausbildung seiner Tochter erforderliche Geld erst geborgt hat, es kann auch sein, daß seine Mittel durch die Ausbildung seiner Tochter erschöpft sind, es kann endlich auch sein, daß der Vater ein vermögender Mann ist. Der Text läßt diese Frage offen, vermutlich, da die Lösung für alle denkbaren Fälle gefunden werden soll. Nimmt man an, der Vater sei gänzlich mittellos, so fallen ihm nach § 1602 e contrario überhaupt keine Aufwendungen zur Last, ebenso wenn seine Mittel erschöpft sind. Ist er aber vermögend, so hat er mindestens die in § 1654 erwähnten Lasten der Einnahmen zu tragen, obwohl sie rechtlich nicht seiner Verwaltung und Nutznießung unterliegen, er sich diese aber in Voraussetzung der Genehmigung des Vormundschaftsgerichts angemaßt hat. Außerdem hätte A. dann nach § 1602 zu haften. Diese Vorschrift ist aber hier auch, falls der Vater Vermögen hat, kaum anwendbar, denn der Erwerb des Kindes reicht vermutlich zum Unterhalte desselben aus (vgl. Staudinger, Bem. 5 zu § 1648).

Weiter ist zu berücksichtigen, daß A. einen Teil des Erwerbs sogar für sich selbst benutzt. Hierzu ist er nach § 1601, falls die Voraussetzungen von § 1602 Abs. 1 bei ihm vorliegen, also wenn er außerstande ist, sich selbst zu unterhalten, berechtigt, denn er ist mit seiner Tochter in gerader Linie verwandt. Auch diesen Erwerb braucht er also nicht herauszugeben.

Lägen dagegen diese Voraussetzungen nicht vor und hätte der Vater genug zum Leben, so hätte allerdings der Vater pflichtwidrig gehandelt, denn seinen eigenen Unterhalt müßte er jedenfalls von seinem Vermögen bestreiten. Diese Summe wäre daher von A. zweifellos zu ersetzen. Seiner Verteidigung ist insoweit nicht beizustimmen.

Es würden also bei der Berechnung der Schadensersatzsumme voraussichtlich zwei Posten in Betracht kommen, nämlich die eventuell nach § 1648 nicht erforderlichen, daher unnötigerweise gemachten Auslagen und die soeben gefundenen, falls A. Vermögen hat, von A. für sich selbst gemachten und pflichtwidrig dem Kindesvermögen entzogenen Einnahmen.

Auf die Berechnung, insbesondere inwieweit die Auslagen erforderlich waren, kann hier, da der Tatbestand zu wenig einzelne Angaben macht, nicht eingegangen werden. Möglich ist allerdings, daß A. bei Anwendung der im Verkehr erforderlichen Sorgfalt bei Abrechnung der Aufwendungen und des Unterhalts für sich und sein Kind immer noch einen bedeutenden Gewinn erzielen mußte, da die Tochter offenbar besonders begabt ist und mit großem Erfolge auftritt. Die Aufrechnungseinrede des A. — eine solche enthält seine Verteidigung — würde also nur zum Teil wirksam sein. Keinesfalls können die Kläger, wie sich gezeigt hat, den gesamten durch die Konzerte erzielten Erwerb nebst Zinsen usw. fordern.

Fall 528.

Im Jahre 1896 galt in Hamburg noch Pandektenrecht. Danach erzeugt die Arrogation wie jetzt die Adoption die väterliche Gewalt. Das Kind der A., welches seit seiner Geburt im Jahre 1899 in der elterlichen Gewalt seiner außerehelichen Mutter, der A., sich befand, kommt also durch die Arrogation seitens des Großvaters im Jahre 1899 in die väterliche Gewalt desselben. Mit der Verheiratung seiner Eltern im Jahre 1900 müßte es aber nach § 1719, da es die rechtliche Stellung eines ehelichen Kindes erlangt, in die elterliche Gewalt des B. und dessen Ehefrau kommen. Es fragt sich nun: Geht das durch die elterliche Gewalt erzeugte Recht der durch die Arrogation erzeugten väterlichen Gewalt vor? Nach § 1797 kann ein uneheliches minderjähriges Kind nur mit Einwilligung der Mutter adoptiert werden. Nach § 1765 verliert die Mutter durch die Adoption die elterliche Gewalt. Die A. hat nun vermutlich ihre Einwilligung zur Adoption gegeben, wenigstens ist von einem Widerspruch derselben nichts gesagt. Es fragt sich also noch, ob nach dem Eheschluß nachträglich noch die Einwilligung des Vaters hierzu nötig ist. Das wäre meines Erachtens unbillig, auch scheint mir das Gegenteil aus § 1719 zu folgen. Denn da das Kind erst mit der Eheschließung die rechtliche Stellung eines ehelichen erlangt, so hat es dieselbe vorher noch nicht. Zur gültigen Adoption ist also nur die Genehmigung der damals außerehelichen Mutter nötig. Die Annahme an Kindes Statt bleibt somit gültig. B. dürfte also mit seiner Klage auf Herausgabe des Kindes abzuweisen sein.

Fall 529.

Die Frage ist, ob B. die gerichtliche Vormundbestellung auf Grund der letztwilligen Verfügung des A. rückgängig machen kann. Wenn man § 1778 extensiv interpretiert, kommt man dazu, die Frage zu bejahen. Es heißt hier, daß, wer nach § 1876 als Vormund berufen ist, ohne seine Zustimmung nur übergangen werden darf, wenn er nach den §§ 1780—84 nicht zum Vormund bestellt werden kann oder soll usw. Die §§ 1780—84 kommen aber bezüglich des B. nach der Aufgabe nicht in Frage, ebensowenig die weiteren dort bezeichneten Ausnahmefälle. Also hat das Gericht den B. ohne seine Zustimmung mit Unrecht übergangen. § 1878 ist aber, wie aus den Motiven zum BGB. zu ersehen ist, ein zwingendes Gesetz (lex absoluta), also ist ein Zuwiderhandeln gegen dasselbe unwirksam. Das Gericht ist also verpflichtet, die Vormundbestellung des X. aufzuheben und auf Grund des § 1777 Abs. 3 den B. als Vormund zu bestellen.

B. erlangt seine Bestellung durch Einlegung der sofortigen Beschwerde nach § 22 des FGG. (zwei Wochen nach erlangter Kenntnis vom Beschwerdegrund).

Fall 530.

Nach § 1822 Z. 5 bedarf der Vormund der Genehmigung des Vormundschaftsgerichts zu einem Mietvertrag, wenn das Vertragsverhältnis länger als ein Jahr nach der Vollendung des 21. Lebensjahres des Mündels fortdauern soll. Das Mündel ist nun hier bereits 15 Jahre alt und der Vertrag auf zehn Jahre geschlossen. Demnach bedurfte der Vormund der Genehmigung des Vormundschaftsgerichts. Die Frage des Vertragsschlusses ohne Genehmigung des Gerichts regelt § 1829. Danach hängt die Wirksamkeit des Vertrages von der nachträglichen Genehmigung des Vormundschaftsgerichts ab. Diese ist aber nicht erteilt worden, vielmehr ist das Gericht in Unkenntnis über den Vertragsschluß geblieben. Acht Jahre nach dem Vertragsschlusse ist nun der Mündel bereits 23 Jahre alt. Nach § 1829 Abs. 2 tritt daher seine Genehmigung an Stelle derjenigen des Gerichts, dieses hat also nichts mehr mit der Sache zu tun. A. gibt aber seine Genehmigung nicht, wie er durch Anstellung der Räumungsklage beweist. Daher ist der ganze Vertrag unwirksam. A. dringt also mit der Räumungsklage durch.

Anm. Die Kosten des Prozesses muß übrigens A. tragen. Denn A. hat der Aufgabe nach nicht versucht, den B. zur Räumung ohne Klage zu veranlassen, sondern ohne weiteres geklagt. Nach den für A. und den Vormund ergänzend eingreifenden Bestimmungen der §§ 177ff. über Geschäftsführung ohne Auftrag, sowie des § 182 hätte A. die Verweigerung der Zustimmung sowohl dem Vormund wie dem B. gegenüber erklären sollen. Darin hätte zugleich eine Mahnung gelegen. Da er dies nicht getan hat, können dem B. billigerweise die Kosten des Prozesses, die er ja nicht veranlaßt hat, auch nicht auferlegt werden.

Fall 533.

Der Vormund dürfte in dem Versteigerungstermin am 1. April als Vertreter ohne Vertretungsmacht (§ 177) anzusehen sein. Wenn er also in dem Termin für seinen früheren Mündel auftritt, so hängt die Wirksamkeit seiner Erklärungen nach §§ 177, 180 von der nachträglichen Genehmigung des Mündels ab. Insoweit kann er also mit rechtlicher Wirkung für den Mündel auftreten.

Der Vormund kann nicht einwenden, daß sein Auftreten nach § 1682, der analog auf die Vormundschaft anzuwenden ist, rechtlich wirksam sei. Denn der Vormund muß das Alter seines Mündels kennen. Der Dritte dagegen, also das Gericht, der Ersteher des Grundstücks usw., müssen das Alter des Mündels und somit die Beendigung der Vormundschaft nicht kennen (vielfach wird das Gericht durch Herbeiziehung der zugehörigen Vormundschaftsakten von dergleichen schon vor dem Termin Kenntnis erlangt haben).

Das von seinem früheren Vormund Ausgeführte kann der Mündel nicht rückgängig machen.

Fall 534.

Nach § 1821, insbesondere § 1821 Abs. 2, bedarf der Vormund zur Ausleihung von Mündelgeld auf Grundstücke nicht der Genehmigung des Vormundschaftsgerichts. Insoweit ist also sein Vorgehen nicht pflichtwidrig. Nach § 1807 Abs. 1 Ziff. 1 soll aber die Anlegung von Mündelgeld nur in Forderungen erfolgen, für die eine sichere Hypothek an einem inländischen Grundstücke besteht. Das hat der Vormund A. nicht befolgt, denn das fragliche Grundstück ist nur bis zu 40000 M. sicher. Die Differenz von 20000 M. hat der Vormund also pflichtwidrig angelegt. Die Folge der Pflichtwidrigkeit des Vormundes ist zwar nicht Nichtigkeit des Rechtsgeschäfts, denn § 1807 ist keine zwingende Vorschrift (wie das Wort „soll“ andeutet). Wohl aber kann das Gericht nach § 1887 den Vormund in diesem Falle absetzen, was hier also mit Recht geschehen ist. Die Frage ist nun die, ob und wieweit der Vormund A. nach § 1831 dem Mündel schadensersatzpflichtig ist. Der neue Vormund B. hat das Grundstück für 44000 M. in der Zwangsversteigerung gekauft, sodaß die Hypothek des Mündels mit 15000 M. ausfällt. Diese mit den auflaufenden Zinsen hätte also der Vormund A. zu ersetzen. A. wendet ein, der Mündel habe gar keinen Schaden erlitten, denn der B. habe das Grundstück noch vor der Klagezustellung um 80000 M. weiter verkauft. Das ist natürlicherweise erheblich. Denn ein Schaden muß nach § 1833 unbedingt entstanden sein. Der A. braucht also infolge des günstigen Verkaufs nicht auf Schadensersatz zu haften.

Fall 535.

Die Ehefrau des A. beruft sich offenbar darauf, daß sie durch ihre Auswanderung nach Amerika die deutsche Staatsangehörigkeit verloren und nach Art. 7 des EG. Geschäftsfähigkeit erlangt hat. Das ist aber nicht der Fall. Sie hat vielmehr die deutsche Staatsangehörigkeit behalten, wenigstens ist es anzunehmen, solange nichts darüber gesagt ist, daß sie dieselbe irgendwie verloren hat. Nach § 104 Abs. 3 ist aber völlig geschäftsunfähig, wer wegen Geisteskrankheit entmündigt ist, daher ist auch die Vollmachtserteilung der A. an B. nichtig. Der Vormund C. würde also pflichtwidrig handeln, wenn er dem Verlangen der A. entsprechend ihr Vermögen dem Rechtsanwalt B. herausgeben würde.

Ich will damit die Lösung nur andeuten. Der Fall bedarf natürlich wie viele noch genauerer Erörterung. Genau zu beachten ist das Reichsgesetz vom 1. Juni 1870 (§§ 13, 3, 21) über den Erwerb und Verlust der Staatsangehörigkeit (10 jähriger Aufenthalt führt zum Verlust der Staatsangehörigkeit).

Fall 536.

Nach § 1902 Abs. 2 bedurfte der Vormund der Genehmigung des Gerichts zum Abschluß des Mietvertrags, da derselbe auf über vier Jahre abgeschlossen wird. Daher ist der Vertrag nach §§ 177 ff. unwirksam. Es fragt sich aber, ob der ganze Vertrag unwirksam ist, oder ob er für die ersten vier Jahre seine Gültigkeit hat, wie B. behauptet. B. stützt sich auf § 134. Dieser ist hier anwendbar, denn aus der Vorschrift des § 1902 Abs. 2 ergibt sich zweifellos, daß ein auf längere Zeit als vier Jahre abgeschlossener Vertrag nicht nichtig sein soll. Der Vormund kann also nach einem Jahr noch nicht die Räumungsklage gegen B. anstellen. B. kann sogar noch mehr erreichen. Er kann, da nach § 177 die nachträgliche Genehmigung möglich ist, das Gericht zur Genehmigung auffordern. Wird diese erteilt, so kann er die Wohnung sogar bis zum Ablauf des fünften Jahres benutzen.

Fünftes Buch. Erbrecht.

Fall 539.

α) Der Großvater C. ist Erbe der dritten Ordnung nach § 1926, ebenso der Onkel D., denn er ist Abkömmling des andern Großelternteils des A. Nach § 1931 Abs. 1 Satz 1 erbt somit der Ehegatte zunächst die Hälfte. In die andere Hälfte hätten sich normalerweise C. als Vertreter des einen Großelternteils und D. als Vertreter des anderen zu teilen. Nach § 1931 Abs. 1 Satz 2 erbt aber der Ehegatte außer der nach § 1931 Abs. 1 ihm gebührenden Hälfte noch das nach § 1926 dem Onkel D. als Abkömmling der Großeltern väterlicherseits zufallende Viertel. Somit erhält die Ehefrau B. $^3/_4$, C. $^1/_4$ und D. nichts.

β) § 1931 schlägt ein. Die Ehefrau B. erhält nach § 1931 Abs. 1 Satz 1 zunächst eine Hälfte der Erbschaft, weil sie mit Großeltern zusammentrifft. Nun treffen hier aber mit Großeltern Abkömmlinge von Großeltern zusammen. Daher ist § 1931 Abs. 1 Satz 2 anzuwenden. Die B. erhält daher noch den Teil, der nach § 1926 den Abkömmlingen zufallen würde. Nach der Aufgabe lebt ein Abkömmling der väterlichen Großmutter und ein solcher des mütterlichen Großvaters. Nach § 1626 Abs. 3 würden diese, wenn nicht die B. leben würde, an Stelle der Großeltern treten und nach Stämmen erben. Das wären zwei Stämme. Dazu kommt noch der väterliche Großvater und die mütterliche Großmutter. Die zweite Hälfte ginge also in vier Teile. Jeder hätte $^1/_8$ zu erhalten. Aber nach § 1631 Abs. 1 Satz 2 erhält die B. noch die $^2/_8$, die auf die beiden Abkömmlinge von Großeltern fallen würden. Sie erhält also $^6/_8$ des Ganzen.

γ) Geschwisterkinder sind Erben der zweiten Ordnung, sie erben also nach § 1925. Die Frage ist, ob Geschwisterkinder, wenn sie allein vorhanden sind, nach Stämmen oder nach Köpfen erben. Da nach § 1924 Abs. 3 beim Vorversterben von Abkömmlingen die durch sie mit dem Erblasser verwandten Abkömmlinge an die Stelle der ersteren treten, somit also für Abkömmlinge die Erbfolge nach Stämmen festgesetzt ist, so gilt sie analog auch für Geschwisterkinder. Somit erhalten die zwei Kinder der Schwester zusammen $^1/_2$, also je $^1/_4$. Die andere Hälfte, also je $^1/_6$, erhalten die Kinder des C.

δ) Vorausgeschickt muß hier werden, daß unter der Bezeichnung halbbürtig schlechthin ein Bruder gemeint ist, der mit seinen Geschwistern nur die Mutter gemeinsam hat. Die Mutter und der vollbürtige Bruder sind Erben zweiter Ordnung, also Erben nach § 1925. Nach § 1925 Abs. 3 erbt die Mutter die auf die eine Aszendentenlinie fallende Hälfte, der vollbürtige Bruder tritt an Stelle seines Vaters, der, wenn er noch lebte, miterben würde, und erhält dessen Hälfte, also die ganze andere Hälfte.

Der halbbürtige Bruder erbt nichts, weil er nur mit der Mutter verwandt ist und daher nur diese beerbt. Würde jetzt noch die Mutter sterben, so würden beide Brüder nach § 1924 Abs. 4 zu beiden Teilen erben.

Fall 540.

A. ist nach § 1924 Erbe erster Ordnung, die Tochter des Sohnes des Erblassers, seine Enkelin, die X., ist ebenfalls Erbin der ersten Ordnung, sie tritt nach § 1924 Abs. 3 an Stelle ihres Vaters B. Würde jetzt ohne Rücksicht auf den Vorempfang geteilt, so hätten also A. $^1/_2$ und die X. $^1/_2$ zu erhalten, mithin, wenn Y., der Bruder der X., noch lebte, erhielte A. $^1/_2$, die X. $^1/_4$ und Y. $^1/_4$. Nun lebt Y. nicht mehr, er hat aber einen Vorempfang von 10000 M. erhalten. Die Frage ist, ob dieser Vorempfang bei Verteilung des Nachlasses in Betracht kommt. Die Bezeichnung Vorempfang ist kein juristischer. Darunter ist vielmehr zu verstehen das, was im Falle der Ausgleichung in Betracht kommen kann. Nach §§ 2050 ff. sind Abkömmlinge des Erblassers unter gewissen Umständen zur Ausgleichung verpflichtet. Dazu ist aber vor allem nötig, daß die Abkömmlinge als gesetzliche Erben zur Erbfolge gelangen, daß sie also Erben geworden sind. Das scheint mir nun hier gar nicht der Fall. Y. ist gar nicht Erbe geworden, also kann auch bei ihm keine Ausgleichungspflicht in Betracht kommen, sondern A. und die X. erben je zur Hälfte. Oder ist vielleicht § 2051 anzuwenden, wonach ein

Ausgleich auch bei Wegfall vor dem Tode des Erblassers stattfindet? Dann wird die Lösung schwieriger (vgl. Staudinger, Bd. V S. 305, besonders unter F).

Fall 541.

Das Testament des A. soll offenbar deshalb anfechtbar sein, weil am 180. Tage nach dessen Tode seine Ehefrau ein Kind bekommen hat. Nach § 2303 können Abkömmlinge des Erblassers, wenn sie durch Verfügung von Todes wegen von der Erbfolge ausgeschlossen worden sind, den Pflichtteil verlangen. Nach § 2303 Abs. 2 kann dies auch der Ehegatte. Dieser hat ihn hier auch richtig erhalten, es fragt sich nur, ob für das totgeborene Kind ebenfalls ein Pflichtteil von X. ausgesetzt werden mußte, so daß dessen Mutter, die es beerben würde, so auch dessen Pflichtteil erhalten würde. Dies ist zu verneinen. Denn in § 2050 sind offenbar nur lebende Abkömmlinge gemeint. Solche sind aber nach § 1 erst mit Vollendung der Geburt vorhanden. Das Kind des A. war nun zur Zeit des Erbfalls nach den Grundsätzen der §§ 1591 ff. nur empfangen, aber noch nicht geboren, es war also nur Fötus, nicht Abkömmling im Sinne des Gesetzes. Da das Kind totgeboren ist, wird es auch nachträglich nicht Abkömmling und kommt als Pflichtteilsberechtigter nicht in Betracht. Mithin ist das Testament des A. nicht anfechtbar.

Anders natürlich, wenn das Kind lebend geboren worden wäre. Dann wäre allerdings nach § 2078 Abs. 2 das Testament anfechtbar, denn man kann dann sagen, der Erblasser sei, indem er auf den nasciturus keine Rücksicht nahm, durch die irrige Annahme oder Erwartung des Nichteintritts eines Umstandes zu seiner Verfügung bestimmt worden.

Fall 546.

A. kann redlicher Besitzer der Sache aus verschiedenen Gründen sein. Hier scheint mir aber, da ein Fall aus dem Erbrecht vorliegt, nur der Fall des § 2018 in Betracht zu kommen, daß also A. sich deshalb für den Eigentümer der Sache hält, weil er behauptet, Erbe des B. zu sein (sog. Erbschaftsbesitzer).

Wenn A. die zur Erbschaft des B. gehörige Sache dem C. schenkt und, wie zu ergänzen ist, übergibt, so fragt es sich, ob C. Eigentümer der Sache wird. C. weiß nicht, daß A. Nichteigentümer, also zur Verfügung nicht Berechtigter ist, sondern ist gutgläubig. Er erwirbt daher nach § 932 Eigentum an der Sache. Wenn nun ferner C. dem A. ein Pferd zum Gegengeschenk macht und, wie zu ergänzen ist, ebenfalls übergibt, so wird A. nach § 929 Eigentümer an diesem. Die Klage des wahren Erben D. stützt sich nun auf § 2018. D. ist Erbe des B. A. hat etwas aus der Erbschaft auf Grund eines ihm in Wirklichkeit nicht zustehenden Erbrechts erlangt. Da aber A. zur Herausgabe der Sache außerstande ist, so ist die Klage des D. gemäß § 2021 auf Herausgabe der ungerechtfertigten Bereicherung, also des für die Sache erhaltenen Pferdes oder des Wertes desselben gerichtet. A.

ist also anzusehen als ein Nichtberechtigter, der über einen Gegenstand eine Verfügung getroffen hat, die dem Berechtigten — dem D. — gegenüber wirksam ist (§ 816 Abs. 1 Satz 1). Es fragt sich hierbei, ob A. als bereichert anzusehen ist.

Da A. die Nachlaßsache dem C. geschenkt hat, so ist er zunächst nicht bereichert. Er wäre dies aber, wenn C. ihm das Pferd nur deshalb geschenkt hat, weil er von A. die Nachlaßsache erhalten hat. Da die Aufgabe ausdrücklich das Wort Gegengeschenk gebraucht und da die Schenkung des Pferdes acht Tage nach der ersten Schenkung erfolgt, so muß allerdings angenommen werden, daß C. nur mit Rücksicht auf die Zuwendung des A. die seinige gemacht hat. Somit liegt vermutlich eine sog. remuneratorische Schenkung vor (nach BGB. als einfache Schenkung anzusehen). Nötigenfalls — d. h. falls der Richter im Prozesse nicht ohne weiteres zu dieser Ansicht gelangt — müßte natürlich Kläger seine Behauptung beweisen. Gelingt dem Kläger der Beweis, daß eine remuneratorische Schenkung vorliegt, so ist der A. um den Wert des Pferdes bereichert. Er muß daher dem D. dieses oder seinen Wert herausgeben.

Anm. Wäre das Gegengeschenk des C. an A. überhaupt nicht erfolgt, sondern nur die Schenkung des A. an C., so könnte sich demnach D. nicht an A. halten, da dieser nicht bereichert wäre. Könnte D. vielleicht auf Grund von § 816 Abs. 1 Satz 2 gegen C. auf Herausgabe der Bereicherung klagen? (Vgl. Staudinger, Bem. 2γ zu § 816.)

Fall 549.

B. muß die 1000 M., die er als Ausstattung erhalten hat, nach § 2050 Abs. 1 zur Ausgleichung bringen. Ob C. die 1000 M., die er als Beihilfe zum Studium erhalten hat, nach § 2050 Abs. 2 zur Ausgleichung zu bringen hat, scheint mir zweifelhaft. Man kann wohl sagen, daß es den Verhältnissen des Erblassers A. entspreche, wenn er in der Lage ist, einem Sohne 1000 M. als Ausstattung zu geben, einem anderen Sohne 1000 M. als Beihilfe zum Studium zuzuwenden. Man kann also nicht sagen, daß eine Aufwendung vorliegt, welche das den Vermögensverhältnissen des Erblassers entsprechende Maß überschreitet.

D. hat nichts zur Ausgleichung zu bringen. Vielmehr ist D. Schuldner sämtlicher Erben wie jeder andere Schuldner, weshalb § 2050 auf ihn überhaupt keine Anwendung findet. D. ist aber zugleich Erbe zu $^{3}/_{16}$, seine Schuld von 1000 M. geht daher zu $^{3}/_{16}$ durch Vereinigung von Berechtigung und Verpflichtung in einer Person unter. Den Rest hat D. auf Grund des Darlehns an die Erbschaftsmasse zu zahlen.

E. braucht nicht auszugleichen nach § 2050 Abs. 3, da der Erblasser die Ausgleichung bei der Zuwendung nicht angeordnet hat.

Fall 550.

Nach § 2032 sind die Erben des B. Gesamtschuldner im Sinne des § 421. Die Erben des B. haben geteilt, sie haben sich über die Aktiva des Nachlasses auseinandergesetzt, nicht aber über die Forderung des A. von

1200 M. Bezüglich dieser ist also der Zustand derselbe wie vor der Teilung, d. h. die Erben sind Gesamtschuldner im Sinne des § 421.

Der Gläubiger, der Sohn des A., kann somit von jeder der Erbinnen die Leistung ganz oder zu einem Teile fordern.

Fall 552.

D. ist als Ersatzerbe im Sinne der §§ 2097 ff. eingesetzt. Da B. nicht Erbe sein kann, sondern vor dem Erbfall gestorben ist, tritt also D. an die Stelle des B. Nach der allgemeinen Bestimmung des § 2094 über die Anwachsung müßte beim Tode des B. dessen Anteil dem C. zufallen, oder, wie das Gesetz sagt, anwachsen. Es fragt sich, ob sich daran im Falle der Ersatzerbeneinsetzung etwas ändert. Dies ist nach § 2099 zu bejahen. Denn danach geht das Recht des Ersatzerben dem Anwachsungsrechte vor, d. h. falls mehreren Miterben ein Ersatzerbe bestimmt ist, sollen die Miterben durch den vorzeitigen Wegfall eines derselben keinen Vorteil haben. A. brauchte also die Bestimmungen, „wenn einer von ihnen" usw. nicht unbedingt in dieser Weise zu treffen, sondern erreichte auf Grund des § 2099 dasselbe, wenn er nur bestimmte, D. solle Ersatzerbe für B. und C. sein. D. erhält also den Anteil des B. Gleichgültig ist hierbei nach § 2094, daß B. vor dem Erbanfall verstorben ist.

Wer, wenn B. nach dem Eintritt usw.? Nach § 1922 haben B. und C. sofort mit dem Erbfall die Hälfte der Erbschaft erworben. Dieser Übergang der Erbschaft ist allerdings dadurch resolutiv bedingt, daß in der sechswöchigen Ausschlagungsfrist der §§ 1942 bis 1944 keine Ausschlagung erfolgt. Der Miterbe B. ist nun vor Ablauf dieser Frist gestorben, daher läuft seinem Erben nach § 1952 eine neue Ausschlagungsfrist, indem die schon abgelaufene um sechs Wochen seit Kenntnisnahme des Erben von dem Anfall und dem Grunde der Berufung sich verlängert. Dieser Erbe des B. ist aber nach § 2099 auch hier wieder der D. Er ist also auch derjenige, für den die obige Frist laufen würde. Schlägt D. nicht aus, so erhält er also auch die dem B. zugedachte Hälfte der Erbschaft. Schlägt D. aus, so würde das Anwachsungsrecht des A. gemäß § 2094 Platz greifen.

Fall 554.

Die Eheleute A. haben ein gemeinschaftliches Testament, und zwar ein gegenseitiges nach § 2270 errichtet. Die beiderseitigen Intestaterben derselben sind Nacherben im Sinne der §§ 2100 ff., wenn auch kein normaler Fall der Nacherbeneinsetzung vorliegt, da hier der Nacherbe nach dem Tode des Vorerben nicht nur den Nachlaß des Erblassers, sondern auch den des Vorerben erhält. Nach § 2112 kann der Vorerbe, das ist hier die überlebende Ehefrau, über den Nachlaß des Erblassers frei verfügen, soweit sich nicht aus den Vorschriften der §§ 2113 bis 2115 ein anderes ergibt. Nach § 2113 ist aber die Verfügung des Vorerben über ein zur Erbschaft gehöriges Grundstück im Falle des Eintritts der Nacherbfolge insoweit unwirksam, als sie das Recht des Nacherben vereiteln oder beeinträchtigen würde. Eine

Beeinträchtigung des Rechts der Nacherben, also der beiderseitigen Intestaterben, liegt nun hier vermutlich vor, denn der Bestand der Nachlaßmasse ist für sie leichter festzustellen, wenn diese in Grundstücken besteht als in barem Gelde, das der Vorerbe schneller für sich verbrauchen kann. Trotzdem ist aber die Verfügung der Ehefrau nach § 2113 wirksam, da der Fall der Nacherbfolge noch nicht eingetreten ist (daher wäre z. B. B., wenn er nicht bösgläubig wäre, Eigentümer des Grundstücks geworden). Die Intestaterben können also zunächst gegen B. keine Leistungsklage erheben. (Vielleicht eine Feststellungsklage, die dahin geht, anzuerkennen, daß im Fall des Eintritts der Nacherbfolge der Verkauf unwirksam wird, dabei würde sich fragen, ob ein rechtliches Interesse an alsbaldiger Feststellung vorliegt, was vielleicht deshalb verneint wird, weil die Intestaterben das nacherwähnte einfachere Mittel zu ihrer Sicherung haben.) Wohl aber können sie nach § 883 die Eintragung einer Vormerkung im Grundbuche herbeiführen. Die Nacherben haben ein bedingtes Recht auf Übertragung des Eigentums, also ein Recht, das bedingt ist durch den Eintritt der Nacherbfolge. Es ist daher § 883 Abs. 1 Satz 2 anwendbar. Insbesondere ist den Nacherben zu empfehlen, eine einstweilige Verfügung nach § 885 zu erwirken, durch die die Eintragung der fraglichen Vormerkung angeordnet wird. Nach § 885 Abs. 1 Satz 2 braucht hierzu eine Gefährdung des zu sichernden Anspruchs nicht glaubhaft gemacht zu werden (anders nach der ZPO.). Nach § 883 Abs. 2 ist nunmehr jede Weiterveräußerung ausgeschlossen und die Intestaterben können, sobald die Ehefrau A. gestorben ist, auf Grund der Vormerkung die Rückübertragung des Grundstücks nach § 2113 von B. verlangen (vgl. Staudinger, Bem. 1 B nach § 2115).

Fall 556.

Der Streit der Erben des A. ist zu entscheiden auf Grund von § 2148. Danach haben sie zu dem Vermächtnis nach Verhältnis ihrer Erbteile beizutragen, also hat B. 4000 M. zu zahlen, C. 8000 M. und D. 12000 M. Der Erblasser brauchte somit überhaupt nichts über die Höhe der Anteile zu bestimmen, sondern es entscheidet das Gesetz darüber, in welchem Verhältnis die Erben zum Vermächtnis beizutragen haben.

Fall 557.

Es handelt sich um das sog. Forderungsvermächtnis. Der Erblasser ist bei Errichtung des Testaments der Ansicht gewesen, daß sein Erbe B. ihm, dem A., 6000 M. schulde. Er hat daher gemäß § 2175 den Betrag von 3000 M. dieser Forderung dem C. vermacht. Der Erbe B. bestreitet das Bestehen der Forderung. Über den Fall sagt Staudinger, Bem. 1 und 3 zu § 2175:

> „Da durch das Vermächtnis nach § 2174 ein obligatorischer Anspruch des Bedachten entsteht, so mußte für den Fall Vorsorge getroffen werden, daß der Erblasser eine ihm gegen den Erben zustehende Forderung vermacht.

In dem Falle, daß eine dem Erblasser gegen den Erben zustehende Forderung den Gegenstand des Vermächtnisses bildet, taucht die Frage auf, ob der Bedachte, wenn der Erbe den Rechtsbestand der Forderung bestreitet, diesen zuerst auf Abtretung der Forderung verklagen und erst nach rechtskräftiger Erledigung dieses Prozesses die Zahlung vom Erben durch neue Klage verlangen oder ob er diese beiden Klagen verbinden kann. Letzteres wird mit Wilke (Anm. 1 d zu § 2174) zu bejahen sein, jedoch erscheint auch die Bem. 4 zu § 2175 von Planck gerechtfertigt, daß im Hinblick auf § 894 ZPO. die Zwangsvollstreckung gegen den Erben in solchem Falle den Eintritt der Rechtskraft des ihm zur Abtretung verurteilenden Erkenntnisses voraussetzt."

Hiernach kann C. nicht ohne weiteres auf Leistung gegen B. klagen. Ich empfehle, die zitierten Stellen nachzulesen.

Nach der Fassung der Aufgabe (auferlegt) liegt es nahe, kein einfaches Vermächtnis, sondern eine Auflage (§§ 2192 ff.) anzunehmen. Dies dürfte aber nicht richtig sein. Denn durch die Auflage wird dem Erben eine Verpflichtung auferlegt, ohne daß der Berechtigte die Vollziehung der Auflage verlangen kann. Der Erblasser wünscht hier aber offenbar, daß C. Gläubiger der Forderung wird, und einen Anspruch auf die 3000 M. im Sinne des § 2174 erlangt.

Die materiellrechtliche Seite soll hier offenbar nicht die Aufgabe bilden. C. ist Gläubiger des Erben wie jeder andere Erbschaftsgläubiger. C. muß beweisen, daß die Forderung besteht. B. kann beweisen, daß A. sich im Irrtum befunden habe usw.

Fall 558.

Der Fall betrifft die Frage über den Anfall des Vermächtnisses. Ebenso wie nach § 1942 die Erbschaft als mit dem Erbfall auf den Erben übergegangen gilt, unbeschadet des Ausschlagungsrechts, ebenso gilt die Forderung aus dem Vermächtnis gegen den Erben mit dem Erbfall als übergegangen. Der Vermächtnisnehmer wird zwar nicht Eigentümer der Erbschaftssache (kein Vindikationslegat), aber Inhaber der Forderung, und gilt als solcher vom Erbfall an. Dies bestätigt für das Vermächtnis § 2176, wonach die Forderung des Vermächtnisnehmers unbeschadet des Rechts, das Vermächtnis auszuschlagen, mit dem Erbfall zur Entstehung kommt (vgl. auch § 2184). Hieraus folgt, daß auch die Befugnis, das Vermächtnis auszuschlagen, auf die Erben übergeht, ebenso wie es in § 1952 betreffs der Erbschaft bestimmt ist (vgl. Kuhlenbeck, Anm. 1 zu § 2176). B. hat also im Augenblick des Todes des A. den zunächst durch die Annahme bedingten Anspruch auf das Haus gegen den Erben des A. erlangt und dieser Anspruch ist, da er ohne Erklärung starb, auf seine Erben übergegangen. Da diese das Vermächtnis annehmen, gilt die Forderung nach § 2176 (vgl. § 2184) als mit dem Tode des A. auf die Erben des B. übergegangen. Nach § 2174 können diese Erben nun gegen den Erben des A. auf Auflassung des Hauses und Umschreibung im Grundbuch Klage erheben. Das Nichtwissen des B. vom Vermächtnis hat also keine Folgen.

Wie wenn das Vermächtnis an die Bedingung usw.? Hier liegt der Fall des § 2177 vor, ein Vermächtnis ist unter einer aufschiebenden Bedingung angeordnet. Die Bedingung besteht darin, daß B. bis zu seinem Tode in seiner Vaterstadt leben soll. Diese Bedingung ist erst nach dem Erbfall eingetreten und gemäß § 2177 erfolgt der Anfall des Vermächtnisses mit dem Eintritt der Bedingung (vgl. übrigens auch § 2075).

Fall 559.

Es liegt ein Vermächtnis mit einer Zeitbestimmung im Sinne des § 2177 vor. Zur Zeit des Erbanfalls, also des Todes des A., ist der Termin noch nicht eingetreten, denn B. war noch nicht volljährig. Ob der Termin durch die Volljährigkeitserklärung eintritt, ist Auslegungsfrage. Bei Testamenten ist nach dem Willen des Erblassers zu fragen (§ 733). Dieser hat doch wohl gemeint, daß B. die 1000 M. erhalten sollte, sobald er selbständig werden und sich ein Geschäft gründen würde. Ob er also gerade die gesetzliche Volljährigkeit erlangte, ist ihm wohl kaum so wesentlich erschienen. Auch ist wohl nicht anzunehmen, daß A. wünschte, B. solle gerade ein Strumpfwarengeschäft übernehmen.

Man kann also vielleicht annehmen, dem B. sei das Vermächtnis mit der Volljährigkeitserklärung angefallen (§ 2176). Gegenbeweis ist natürlich möglich.

Ist dem B. das Vermächtnis angefallen, so werden auch seine Erben die 10 000 M. beanspruchen können. Nach welcher Vorschrift?

Fall 561.

Der Fall betrifft das Verhältnis des Testamentsvollstreckers zu den Erben.

Der Testamentsvollstrecker hat nach § 2205 den Nachlaß zu verwalten. Nach § 2203 f. ist er dabei in gewissem Grade beschränkt, z. B. darf er nach § 2206 Verbindlichkeiten für den Nachlaß nur eingehen, soweit die Eingehung zur ordnungsmäßigen Verwaltung notwendig ist.

Im vorliegenden Fall liegt nun der Tatbestand des § 2207 vor, denn der Erblasser A. hat den D. zum Testamentsvollstrecker im weitesten Umfang eingesetzt, er wünscht also, daß er in der Eingehung von Verbindlichkeiten für den Nachlaß nicht beschränkt sein soll. Nach § 2211 kann nun der Erbe über einen zur Verwaltung des Testamentsvollstreckers gehörigen Gegenstand nicht verfügen. Diese Verwaltung bezieht sich nun bei D. nach § 2207 verbunden mit § 2205 auf die ganze Erbschaft. Also durfte nicht einmal der Erbe B. über die fragliche Violine verfügen. Noch weniger darf es dann die C. Denn dieser ist nur der lebenslängliche Nießbrauch an der Erbschaft vermacht (§§ 1030 ff. verbunden mit §§ 2147 ff.), also ein Nießbrauch, dessen Gegenstand nicht eine Sache, sondern ein Recht ist. Die Veräußerung der Violine durch die C. ist also rechtswidrig.

Der Erbe B. klagt nun gegen seine Mutter C., die Nießbraucherin und Vermächtnisnehmerin, auf Wiederherbeischaffung der Violine. Dazu ist A. nach § 2212 nicht berechtigt, sondern nur der Testamentsvollstrecker. Der Erbe B. ist also zur Klage nicht aktiv legitimiert.

Die naheliegende Frage, ob die Violine in das Eigentum des Dritten übergegangen ist, ist hier nicht gestellt worden, ich möchte sie nur kurz berühren. Ist der Erwerber der Violine, wie doch zu vermuten, gutgläubig, so erlangt er das Eigentum daran nach § 932 als gutgläubiger Erwerber vom Nichteigentümer. Denn nach § 2211 kommen die Vorschriften über den gutgläubigen Erwerb zur Anwendung. Hier ist nun vorauszusetzen, daß nach § 2205 den Besitz an den Erbschaftsgegenständen der Testamentsvollstrecker D. hat. Daher kann man nicht sagen, daß die Sache dem Eigentümer, also hier dem Erben B. abhanden gekommen sei und deshalb der Ausnahmefall des § 935 Abs. 1 Satz 2 vorliege. Auch § 935 Abs. 1 Satz 2 ist nicht anwendbar, da der Erbe B. nicht unmittelbarer Besitzer der Erbschaftssachen ist.

Fall 562.

Über die Stellung des Testamentsvollstreckers vgl. das in der Lösung zu Fall 561 Ausgeführte, doch liegt ein Unterschied insofern vor, als der Testamentsvollstrecker hier nicht unbeschränkt im Sinne des § 2207 ist.

Nach § 2203 hat der Testamentsvollstrecker die letztwilligen Verfügungen des Erblassers zur Ausführung zu bringen. Der Wille des Erblassers geht nun dahin, daß B. keinen Pflichtteil erhalten soll. Wenn daher die Erben C. und D. hinter seinem Rücken und ohne sein Einverständnis ihrem Bruder ein Pflichtteilsrecht zuerkennen, so muß E. dasselbe bestreiten. Dabei ist die Anwendbarkeit von § 2208 ausgeschlossen, denn dem Erblasser war bei Einsetzung des Testamentsvollstreckers gerade wesentlich, daß B. nichts erhalten sollte und daß seine Erben daher nicht beliebig zu seinen Gunsten verfügen könnten. Insoweit ist also E. passiv legitimiert.

Die Klage des B. gegen E. ist eine Feststellungsklage. Diese kann nach der ZPO. gegen jeden erhoben werden, der den Anspruch bestreitet, wenn zurzeit die Leistungsklage nicht oder noch nicht möglich ist. E. muß nun, wie erörtert, den Anspruch bestreiten, weil das der Wille des Erblassers ist. Auch ist eine Leistungsklage noch nicht möglich, weil die Höhe des Pflichtteils nicht feststeht, diese hat ja gerade der E. als Testamentsvollstrecker zu ermitteln. Auch das Interesse an alsbaldiger Feststellung ist gegeben, denn E. erkennt das Pflichtteilsrecht nicht an.

Fall 563.

Zu Frage 1: Nach § 2231 Ziffer 2 kann ein Testament in ordentlicher Form errichtet werden durch eine von dem Erblasser unter Angabe des Ortes und Tages eigenhändig geschriebene und unterschriebene Erklärung. Dieser Tag braucht zwar nicht bestimmt nach dem Kalender bezeichnet zu sein, es würde z. B. genügen, wenn A. geschrieben hätte: Berlin, Ostersonntag 1907.

Immer aber muß der Tag erkennbar sein, der gemeint ist, er muß also nicht bestimmt, aber bestimmbar sein. Das ist bei A. nicht der Fall. Er hat offenbar vergessen, den Namen des Monats dazuzuschreiben, in dem er das Testament errichtete. Das Testament ist daher ungültig (vgl. Staudinger, Bem. C, 2 und 4 zu § 2231).

Zu Frage 2: Die Frage, ob das Datum mit der Ortsangabe unter der Unterschrift stehen kann, ist viel erörtert worden. Nach der herrschenden Ansicht kann es ebenso darüber wie darunter stehen. Das Datum muß nur in solche Beziehung zur Erklärung des Erblassers gesetzt werden, daß kein Zweifel darüber bestehen kann, daß die Beifügung Ort und Tag der Testamentserrichtung bezeichnet (vgl. Staudinger, Bem. C, 2 zu § 2231).

Insoweit würde also das Testament des A. wohl als gültig anzusehen sein. Dagegen die Ortsangabe „Bln." scheint mir doch auch die Ungültigkeit dieses Testaments herbeizuführen. § 2231 verlangt zwar nicht die bestimmte Angabe eines Ortes. Die Ortsangabe kann z. B. lauten: „Auf der Reise zwischen X. und Y." Aber immerhin muß die Örtlichkeit eine bestimmbare, unzweifelhafte sein. Der Ausdruck „Bln." deutet zwar auf Berlin hin, zumal wenn der Erblasser am 20. September 1907 dort gewohnt hat. Aber es kann ja auch ein anderer Ort gemeint sein. Ganz ausgeschlossen ist es nicht, und deshalb ist der Ort nicht bestimmbar.

Wegen der Ortsangabe möchte ich also Bedenken tragen, das zweite Testament als gültig anzusehen.

Fall 567.

1. Die Mutter ist Erbin zweiter Ordnung, der väterliche Großvater ist Erbe dritter Ordnung. Nach § 1930 ist also der väterliche Großvater nicht zur Erbfolge berufen, da ein Verwandter der vorgehenden Ordnung vorhanden ist. Käme daher gesetzliche Erbfolge in Betracht, so würde der überlebende Ehegatte nach § 1931 neben der Mutter als Verwandter zweiter Ordnung die Hälfte der Erbschaft erhalten. A. will aber seiner Ehefrau, ohne natürlich das Recht seiner Mutter zu verletzen, möglichst viel zuwenden und daher eine letztwillige Verfügung treffen. Zu diesem Zwecke kann er seine Mutter auf den Pflichtteil setzen. Dieser beträgt nach § 2303 die Hälfte des gesetzlichen Erbteils derselben, also ein Viertel der ganzen Erbschaft. Also kann A. seiner Ehefrau höchstens drei Viertel der Erbschaft zuwenden, das übrige Viertel muß er seiner Mutter zuwenden und zwar nach § 2306 unbeschränkt. Natürlich wird vorausgesetzt, daß der Ausnahmefall des § 2333 nicht vorliegt, wonach völlige Enterbung möglich ist.

2. Die Eltern sind Erben zweiter Ordnung. Sie schließen die Brüder, wenn sie beide leben, nach § 1925 Abs. 2 aus. Nach § 1931 erhält daher die Ehefrau gesetzlich die Hälfte der Erbschaft, die Eltern erhalten die andere Hälfte, also je ein Viertel. Also kann der Erblasser wiederum durch letztwillige Verfügung seine Eltern auf den Pflichtteil setzen und seiner Ehefrau drei Viertel der Erbschaft hinterlassen.

Fall 568.

a) Wenn der Erbe A. für erbunwürdig erklärt worden ist, so geschieht dies auf Grund von §§ 2339 ff. (infolge Anfechtung). Der Anfall an den eingesetzten Erben gilt dann nach § 2344 als nicht erfolgt. Die Erbschaft fällt daher nach § 2344 Abs. 2 dem zu, der berufen sein würde, wenn der Erbunwürdige zur Zeit des Erbfalls nicht gelebt hätte (vgl. auch Rosenthal, Anm. 4 zu § 2344). Die Rechtslage stellt sich also jetzt, da A. wegfällt, so dar, als wenn A. vor dem Erbfall verstorben wäre, oder als wenn der Erblasser seine Abkömmlinge übergangen hätte. Diese haben aber nach § 2303 ein Pflichtteilsrecht. Dieses können sie also gegenüber dem Ersatzerben B. geltend machen. Die Eltern des A. dagegen haben nach § 2309 kein Pflichtteilsrecht, da Abkömmlinge, die sie im Fall der gesetzlichen Erbfolge ausschließen würden, die den Pflichtteil verlangen können, vorhanden sind. Hier braucht also B. keinen Pflichtteil auszuzahlen.

b α) Nach § 2344 erstreckt sich der Verzicht des Erben A. auf sein Erbrecht auch auf seine Abkömmlinge, soweit nicht ein anderes bestimmt ist. Letzteres ist hier nicht der Fall. Also haben die Abkömmlinge des A. kein Pflichtteilsrecht gegenüber B.

b β) Für diesen Fall ist ebenfalls § 2349 entscheidend. Demnach bleibt die Lösung dieselbe wie unter α, und A. hatte gar nicht nötig, für sich und seine Abkömmlinge auf sein Erbrecht zu verzichten, sondern die Wirkung des Verzichts tritt für die Abkömmlinge von selbst ein.

Fall 569.

α) Es handelt sich um den vielumstrittenen § 2309. Ich will keine erschöpfende Besprechung geben, sondern nur die hierher gehörigen Ausführungen Staudingers zitieren, die lauten:

Band V Bem. II zu § 2309 am Schluß S. 649:

„Demnach ist es ganz unhaltbar, aus dem § 2309, wie es Strohal § 50 Nr. V und Dek. Pr. S. 40 und Schiffner S. 23, sowie Frommhold, Bem. 2b zu § 2309, Ubbelohe S. 127, 129 f., Matthiaß, 4. Aufl. Bd. II § 157 (vgl. auch Cosack II § 413) tun, per argum. e contrario herauslesen zu wollen, daß die entfernteren Abkömmlinge und Erben des Erblassers unter Umständen auch, wenn sie nicht als gesetzliche Erben in concreto mangels des Ausschlusses durch Verfügung von Todes wegen berufen sein würden, also nach dem Grundsatze des § 2303 grundsätzlich gar kein Pflichtteilsrecht hätten, dennoch insoweit pflichtteilsberechtigt seien, als „ein Abkömmling, der sie im Falle der gesetzlichen Erbfolge ausschließen würde“, den Pflichtteil nicht verlangen kann, z. B. wenn er nur auf das Pflichtteilsrecht, nicht aber auch auf das gesetzliche Erbrecht verzichtet habe. § 2309 will, wie schon betont, zweifellos (vgl. auch Langheineken a. a. O. S. 343 ff. und Reier a. a. O. § 8) den § 2303 nur einschränken, damit einem und demselben

Stamme kein zweimaliges Pflichtteilsrecht gewährt werde, er will aber sicherlich kein Pflichtteilsrecht in einem Falle gewähren, in welchem nach dem Prinzip des § 2303 ein solches gar nicht bestünde: wenn nämlich ein gesetzliches Erbrecht der betreffenden Personen auch mangels der Verfügung von Todes wegen nicht gegeben wäre. (Gegen Strohal 1. Aufl. S. 72 f. auch Küntzel a. a. O. S. 450.) Wenn Schiffner a. a. O. in den § 2309 vor dem Worte „insoweit" das Wörtchen „nur" einschiebt, so ist dies willkürlich und durch nichts gerechtfertigt. Andrerseits sind aber auch alle Ausführungen der genannten Schriftsteller über das Pflichtteilsrecht der entfernteren Abkömmlinge bzw. Eltern des Erblassers im Falle des bloßen Verzichts auf das Pflichtteilsrecht seitens des vorgehenden Abkömmlings vollkommen gegenstandslos, da ja dieser Verzicht die Eigenschaft des letzteren als gesetzlichen Erben nicht berührt und somit jene entfernteren Abkömmlinge bzw. Eltern des Erblassers von der gesetzlichen Erbfolge durch den vorgehenden Abkömmling und nicht durch Verfügung von Todes wegen ausgeschlossen, somit in keinem Falle pflichtteilsberechtigt sind" usw.

Weiter führt Staudinger unter Bem. III, 3, 4 aus:

„Hat der nächste Abkömmling des Erblassers auf sein gesetzliches Erbrecht verzichtet, so hat er nach § 2346 auch kein Pflichtteilsrecht und nach § 2349 erstreckt sich die Wirkung des Verzichts auch auf seine Abkömmlinge, soweit nicht ein anderes bestimmt ist. Wenn ein solcher Verzicht gegeben ist, so haben, falls § 2349 nicht anwendbar ist, die entfernteren Abkömmlinge und andernfalls die Eltern des Erblassers im Hinblick auf § 2346 Abs. 1 Satz 2 Pflichtteilsrecht nach § 2309 (vgl. Strohal § 50 Nr. III), vorausgesetzt, daß sie durch Verfügung von Todes wegen von der Erbfolge ausgeschlossen und die sonstigen allgemeinen Voraussetzungen des Pflichtteilsrechts für sie gegeben sind, jedoch wenn dem (nächsten) Abkömmling etwas hinterlassen ist und er dies annimmt, nur insoweit, als das Pflichtteil den Wert der letzteren Zuwendung übersteigt."

Der Fall, daß der nächste Abkömmling nur auf sein Pflichtteilsrecht, nicht aber auf sein gesetzliches Erbrecht verzichtet hat, was nach § 2346 Abs. 2 möglich ist, ist am Schlusse der obigen Bem. II schon erörtert worden. In diesem Falle sind die entfernteren Abkömmlinge bzw. Eltern des Erblassers überhaupt nicht pflichtteilsberechtigt, weil sie durch den vorgehenden Abkömmling und nicht durch Verfügung von Todes wegen von der gesetzlichen Erbfolge ausgeschlossen sind. (And. Ans. in irriger Auslegung des § 2309 Matthiaß S. 501, Strohal § 50 Nr. V, sowie Dek. Pr. S. 40. Frommhold, Bem. 2 b und Wilke, Bem. 2 zu § 2309, Böhm S. 436, Ubbelohe a. a. O. S. 127. Vgl. dagegen auch Langheineken a. a. O. S. 424 ff. sowie Jacobetzky a. a. O. S. 282 und Reier a. a. O. S. 42. Was dieser ebenda und S. 47 über den Fall ausführt, daß der Sohn, der auf sein Pflichtteilsrecht verzichtet hat, durch letztwillige Verfügung seines Vaters auch von der gesetzlichen Erbfolge ausgeschlossen ist und das gleiche bei den entfernteren Abkömmlingen und Eltern der Fall ist, ist richtig, aber eben nur deshalb, weil hier nicht nur der in dieser Bem. vorausgesetzte Verzicht vorliegt, sondern analoges gilt, wie in dem in folgender Bem. 5 erwähnten Falle.)"

Hiernach wird sich der Leser sein Urteil für die Lösung von Fall α bilden können. Das Pflichtteilsrecht wird zu verneinen sein.

β) Fall β scheint mir schon deshalb schwierig, weil darin nicht zu ersehen ist, ob der Erblasser in seiner letztwilligen Verfügung dem A. überhaupt formrichtig den Pflichtteil entzogen hat. Denn nach § 3336 muß er darin die Entziehung ausdrücklich erwähnen und den Grund angeben. Sonst kann A. die Ergänzung des Pflichtteils verlangen (§§ 2303, 2307). Daß hierauf viel ankommt, und die Lösung im übrigen ergibt sich aus der Ausführung Staudingers cit. S. 651 unter 5.

> „Hat der Erblasser seinen Abkömmling von der Erbfolge nach § 1938 oder durch Einsetzung anderer Erben von der gesetzlichen Erbfolge ausgeschlossen, ohne ihm auch den Pflichtteil zu entziehen, so hat dieser Abkömmling selbst das Pflichtteilsrecht gemäß § 2309. Das gleiche gilt, wenn der Erblasser ihm zwar auch den Pflichtteil entzogen, aber dies nicht in der vorgeschriebenen Form oder ohne genügenden gesetzlichen Grund getan hat (vgl. §§ 2333, 2336, 2337). Hat der Erblasser dem Abkömmling den gewöhnlichen vollen Pflichtteil verkürzt, so besteht das Recht des letzteren nach § 2305. In allen diesen Fällen kommt also ein Pflichtteilsrecht der entfernteren Abkömmlinge oder Eltern des Erblassers nicht in Frage. Hat aber der Erblasser seinen Abkömmling nicht nur von der gesetzlichen Erbfolge ausgeschlossen, sondern ihm auch den Pflichtteil entzogen und ist diese Entziehung gesetzlich begründet und in der richtigen Form erfolgt, so können die entfernteren Abkömmlinge bzw. Eltern des Erblassers nach § 2309, wenn auch sie durch Verfügung von Todes wegen von der Erbfolge ausgeschlossen sind und die sonstigen Voraussetzungen ihres Pflichtteilsrechts gegeben sind, den Pflichtteil beanspruchen, soweit nicht trotz der Entziehung dem vorgehenden Abkömmling etwas hinterlassen ist und er dies annimmt. Diese Einschränkung (vgl. M. V 402 und P. V 513) des Pflichtteilsrechts der entfernteren Abkömmlinge und Eltern gilt auch, sofern der Pflichtteil dem vorgehenden Abkömmling nicht ganz, sondern nur teilweise entzogen worden ist" usw.

Hiernach wird man das Pflichtteilsrecht der Eltern, wenn die letzten Voraussetzungen vorliegen, verneinen können. Alles dies ist allerdings aus dem Tatbestand nicht erkennbar.

Fall 570.

Auch hier möchte ich für die Lösung nur einige Winke geben.

1. Wenn A., weil er schon vor dem Erblasser gestorben ist, nach § 2097 nicht Erbe sein kann, so hat er den Erbanfall gar nicht erlebt. Nach § 1924 Abs. 3 treten an Stelle des A. seine Abkömmlinge. Die Sache stellt sich dann so dar, als wenn in der letztwilligen Verfügung des Erblassers die Kinder des A. übergangen oder ohne Grund enterbt worden wären. Demnach können die Kinder des A. den Pflichtteil von den Ersatzerben B. erlangen.

2. Wenn A. den Erblasser überlebt, so steht fest, daß er Erbe geworden ist. Würde also A. jetzt sterben, so könnten seine Kinder den Pflichtteil nicht beanspruchen. A. schlägt aber die Erbschaft aus. Es liegt also der Fall vor; daß der zunächst eingesetzte Erbe nach § 2097 nicht Erbe sein will. Nach § 1953 gilt jetzt der Anfall an A. als nicht erfolgt. Die Rechtslage ist also dieselbe, wie wenn A. zur Zeit des Todes des Erblassers nicht mehr gelebt hätte. Daß er den Erbfall erlebt hat, hat somit keinen Einfluß. Seine Kinder können trotzdem den Pflichtteil beanspruchen. § 2309 scheint also hier nicht anwendbar.

Fall 572.

1. Der Erbe C. hat den Söhnen A. und B. des Erblassers trotz des Vorempfangs von 8000 M. und 2000 M. den ganzen Pflichtteil ohne Anrechnung von Vorempfängen auszuzahlen, weil nach § 2050 Abkömmlinge nur untereinander ausgleichungspflichtig sind, also nicht, wenn, wie hier, ein Fremder, der C. als Erbe eingesetzt ist.

2. Zu ergänzen ist vermutlich, daß auch hier die Vorausempfänge als Ausstattung gegeben sind. Nach §§ 2050, 2055, 2316 Abs. 1 berechnet sich der gesetzliche Erbteil der drei Söhne so: Teilungsmasse = 20000 + 8000 + 2000 + 12000 = 42000 M. Gesetzliche Erbteile = 42000 : 3 = 14000 M. Gesetzliche Erbteile unter Anrechnung des Vorempfangs = 24000 — 8000, 14000 — 2000 und 14000 — 12000. Also betragen sie für A. = 6000 M., für B. = 12000 M., für C. = 2000 M.

Die Pflichtteile betragen die Hälfte der gesetzlichen Erbteile, also für A. = 3000 M., für B. = 6000 M., für C. = 1000 M. 1000 M. erhält C. als Erbe, sie gehen also durch Zusammentreffen von Berechtigung und Verpflichtung in einer Person unter. Also hat der Erbe C. noch als Pflichtteil an A. 3000 M. und an B. 6000 M. zu zahlen (vgl. Kom. von Rosenthal, Anm. 21 c, welcher genau dasselbe Beispiel enthält).

Die Lösung von Nr. 3 will ich dem Leser selbst überlassen.

Wie steht es in den Fällen usw.? Im Falle 1 hat die Bestimmung des Erblassers, daß B. sich die 2000 M. anrechnen zu lassen habe, gar keine Wirkung, denn § 2050 ist ein zwingendes Gesetz, also sind auch andererseits Abkömmlinge gegenüber dem Dritten unter keinen Umständen ausgleichungspflichtig, auch wenn der Erblasser die Ausgleichung anordnet.

Im Fall 2 liegt die Sache anders, denn ein Abkömmling, der C. ist Erbe. Die 2000 sind ihm also anzurechnen. Das sind sie ihm aber nach § 2050, da sie als Ausstattung gegeben sind, auch schon ohne die Bestimmung des Erblassers, also von Gesetzes wegen. Die Lösung bleibt also dieselbe, wie unter Nr. 2 angegeben ist.

Fall 575.

Da der Erblasser das Testament in Berlin errichtet hat, so finden nach Art. 11 Einf.G. für dessen Form auch die deutschen Gesetze Anwendung, obwohl er in Florenz seinen Wohnsitz gehabt hat und in Wien gestorben ist. Gleichgültig ist hierbei, in welchem Staat sich sein Vermögen befindet.

Ganz anders zu beurteilen ist die Frage, ob die eingesetzte Erbin, die Frau erster Ehe, einen Erbschein verlangen kann. Hier handelt es sich um die materiellrechtlichen Erfordernisse des Erbrechts. In dieser Hinsicht entscheidet Art. 24 des Einf.G. Danach wird ein Deutscher, wenn er seinen Wohnsitz im Ausland hatte, nach den deutschen Gesetzen beerbt. Die Frau des Erblassers hat daher Anspruch auf Erteilung eines Erbscheines. Die Ausstellung des Erbscheins geschieht gemäß §§ 2353 ff. Danach wird der deutsche Richter prüfen müssen, ob gewisse materiellrechtliche Voraussetzungen der Ausstellung des Erbscheins vorhanden sind.

Den Erbschein hat das Gericht auszustellen, welches Nachlaßgericht ist. Als solches ist nach § 73 FGG. örtlich zuständig das Gericht des Ortes, an welchem der Erblasser zur Zeit des Erbfalls, also zur Zeit seines Todes, seinen Wohnsitz hatte. Ist nun der Erblasser ein Deutscher und hat er zur Zeit des Erbfalls im Inlande weder Wohnsitz noch Aufenthalt, so ist das Gericht zuständig, in dessen Bezirk der Erblasser seinen letzten inländischen Wohnsitz hatte. Dieser Fall liegt hier vor. Mithin hat nach § 73 Abs. 2 FGG. verbunden mit § 72 desselben das Amtsgericht Berlin den Erbschein auszustellen.

Fall 576.

Nach § 2365 ist das Erbrecht desjenigen, der in einem Erbschein als Erbe bezeichnet ist, zu vermuten. Der Erbe braucht daher sein Erbrecht nicht nachzuweisen, sondern es ist Sache des Beklagten, die Vermutung zu widerlegen. Wenn also der Beklagte das Erbrecht des Klägers bestreitet, so ist das zwar ein Leugnen des Klaggrundes. Da aber die erwähnte Vermutung zugunsten des Klägers spricht, so hat trotzdem in diesem Ausnahmefall nicht er, sondern der Beklagte die Beweispflicht.

Einführungsgesetz. Lösungen.

Fall 580.

1. Nach Art. 11 Abs. 1 Satz 1 EinfGes. bestimmt sich die Form eines Rechtsgeschäfts nach den Gesetzen, die für das den Gegenstand des Rechtsgeschäfts bildende Rechtsverhältnis maßgebend sind.

Die Frage, welches Gesetz nach dieser kurzen Ausdrucksweise des Gesetzes maßgebend ist, ist für einzelne Rechtsgeschäfte in Art. 13 f. geregelt, nicht aber bezüglich aller Rechtsgeschäfte. Betreffs der obligatorischen Rechtsgeschäfte ist man zu dem Resultat gelangt, daß in Ermangelung besonderer Vereinbarung im allgemeinen das Recht des Erfüllungsorts maßgebend sein muß (vgl. Staudinger, Bem. II C a zu Art. 11).

Bei dinglichen Rechtsgeschäften wird dagegen nach Art. 11 Abs. 2 die Form des Ortes für maßgebend angesehen, wo sich die Sache befindet (vgl. Staudinger, Bem. 2 F 2 zu Art. 11, Art. 28). Das wäre im ersten Fall das Inland. Für die Bestellung des Pfandrechts an dem Pferde kämen daher die §§ 1205 ff. zur Anwendung. Da hiernach Besitzübertragung erforderlich ist, hat der Engländer kein Pfandrecht am Pferde Numa erlangt. Der Vertrag ist ungültig.

2. Befindet sich das Pferd im Ausland, so würde daran, wenn A. sich dauernd im Besitz des Pferdes befindet, nach deutschem Recht (§ 1205) kein Pfandrecht für den Engländer entstehen, weil die Besitzübergabe fehlt. Nur fragt sich, ob vielleicht die Form des Ortes genügt, wo sich die Sache befindet. Nach Art. 11 sind, wie oben ausgeführt, für die Form der Pfandbestellung die Gesetze des Ortes maßgebend, wo sich die Sache befindet. Diese befindet sich nun jetzt im Ausland. Auch der Vertrag wird im Ausland geschlossen. Letzteres ist zwar nach Art. 11 Abs. 1 Satz 2 unerheblich, denn die lex contractus genügt nicht bei dinglichen Rechtsgeschäften. Aber ersteres ist wesentlich. Das Recht des Ortes, wo sich die Sache befindet, ist für die Form maßgebend (vgl. Staudinger, Bem. 2 F 2 zu Art. 11, Art. 28).

Hiernach käme man zu dem Ergebnis, daß das Pfandrecht entstanden sei, weil die Formen des Ortes, wo sich die Sache befindet, gewahrt sind. Trotzdem wird der Engländer kein Pfandrecht erlangen nach Art. 30. Denn das deutsche Gesetz ist hier eine lex absoluta. Gegen dessen Sinn würde es verstoßen, wenn der Inländer die Vorschrift des § 1205 auf diese Weise umgehen könnte. Der deutsche Richter würde einen solchen Anspruch nicht anerkennen dürfen (vgl. Staudinger, Bem. III, 2 zu Art. 30).

Fall 581.

Hier handelt es sich um die Form eines obligatorischen Rechtsgeschäfts. Nach Art. 11 ist für die Form des Vertrags im Zweifel das Recht des Erfüllungsortes maßgebend, der sich nach §§ 269, 270 bestimmt (vgl. Staudinger, Bem. III C a zu Art. 11). Dieser ist im Zweifel der Wohnort des Schuldners also hier im Inland.

Nach § 313 bedarf nun der Vertrag über die Eigentumsübertragung an Grundstücken der gerichtlichen oder notariellen Beurkundung. Ohne diese ist er nichtig. Soweit Art. 11 Abs. 1 Satz 1 in Frage kommt, erlangt daher B. keinen klagbaren Anspruch gegen A.

In Frage kommt nun, ob Art. 11 Abs. 1 Satz 2 etwas an dieser Entscheidung ändert. Danach genügt es, wenn der Vertrag nach dem auswärtigen Recht gültig ist. Dies ist hier der Fall. Trotzdem wird B. nicht durchdringen. Dem dürfte Art. 30 widersprechen. Denn da die Vorschrift des § 313 ein zwingendes Gesetz enthält, so liegt es auch nicht im Sinne desselben, wenn es durch einen Vertragsschluß im Ausland auf bequeme Weise umgangen werden kann. Der inländische Grundstückserwerb soll vielmehr durch die strengen Formvorschriften geschützt werden.

Demgemäß ist der Vertrag ungültig. B. erlangt keinen klagbaren Anspruch.

Fall 582.

Hier könnte man sagen, Art. 30 sei nicht anwendbar. Für deutsche Grundstücke ist allerdings der § 313 ein zwingendes Gesetz. Wenn aber ausländische Grundstücke formlos übertragen werden, dürfte dies vielleicht doch nicht gegen den Zweck des § 313 verstoßen.

Vielleicht würde daher der deutsche Richter hier die Form des ausländischen Rechtes für genügend erachten können. Der Vertrag wäre hiernach gültig und B. zur Erfüllung, d. h. zur Abgabe der Auflassungserklärung zu verurteilen.

Fall 583.

1. Art. 13 Abs. 3 sagt nur: „Die Form einer Ehe, die im Inland geschlossen wird, bestimmt sich ausschließlich nach den deutschen Gesetzen." Wie steht es aber mit einer Ehe von Deutschen im Ausland? Hier ist auf Art. 11 Abs. 1 zurückzugreifen. Danach ist für die Gültigkeit der Ehe genügend, wenn die Form des Ortes der Eheschließung eingehalten wird. Die Ehe ist also gültig (vgl. Staudinger, Bem. II F 3 a zu Art. 13).

2. Trotzdem hält Staudinger (Bem. II F 3 b zu Art. 13) unter Umständen eine Ehe für anfechtbar oder nichtig, die von Deutschen in England abgeschlossen wird, und das ist so zu erklären:

Zu unterscheiden von den formellen Erfordernissen der Eheschließung (Abschluß vor dem Standesbeamten u. dgl.) sind jedesmal die materiellrechtlichen Erfordernisse (§§ 1303 ff.). Das Nähere hierüber betreffs im Auslande geschlossener Ehen von Inländern und umgekehrt bestimmt Art. 13 Abs. 1. Indessen soll im vorliegenden Falle das Fehlen eines solchen Erfordernisses offenbar nicht in Frage gestellt werden. Der Richter freilich, der in der Praxis über den Fall zu entscheiden hat, wird sich jedesmal darüber vergewissern müssen, daß nicht nur die formellen Voraussetzungen beim Eheschluß vorhanden waren, sondern auch die materiellrechtlichen und die letzteren sind nach deutschem Recht dann zu beurteilen, wenn zwei Deutsche im Ausland eine Ehe abschließen. So erklärt sich das angeführte Zitat.

Fall 584.

1. Dieser Fall handelt im Gegensatz zu Fall 583 nicht von den formellen, sondern materiellrechtlichen Erfordernissen der Eheschließung. Wenn A. die türkische Staatsangehörigkeit erwirbt, so verliert er nicht ohne weiteres zugleich die deutsche Staatsangehörigkeit, sondern nach §§ 13 ff. des Gesetzes vom 1. Juni 1870 erst durch Entlassung. Ich nehme jetzt an, diese sei erfolgt, A. wird also Ausländer. Nach dem türkischen Gesetz ist seine Ehe mit den drei Frauen, falls die Voraussetzungen vorhanden sind, gültig, nach dem deutschen Gesetz ist sie, da dieses andere Erfordernisse aufstellt und hiernach Polygamie unzulässig ist, nicht gültig. Läßt sich nun A. in Deutschland nieder, so ist es fraglich, ob seine Ehe, die in der Türkei gültig ist, auch hier als gültig anzusehen ist.

2. Art. 13 gilt nur für den Fall, daß wenigstens einer der Verlobten ein Deutscher ist. In diesem Falle wird die Eingehung der Ehe — es sind also die materiellrechtlichen Erfordernisse gemeint — in Ansehung eines jeden Verlobten nach den Gesetzen des Staates beurteilt, dem er angehört. Nach Punkt 1 wird die Deutsche keinesfalls eine gültige Ehe mit A. in der Türkei eingehen können, denn es steht fest, daß die materiellrechtlichen Erfordernisse des türkischen Rechts nicht mit denen des deutschen Rechts (vgl. §§ 1303 ff.) übereinstimmen (vgl. Staudinger, Bem. II B zu Art. 13), weil nach deutschem Rechte Vielweiberei unzulässig ist. Art. 11 Abs. 1 Satz 2 ist hier nicht anzuwenden, weil er nur die Form der Rechtsgeschäfte betrifft, also gerade im Gegensatz zu Art. 13 Abs. 1 steht.

3. Die Französin und Engländerin fallen dagegen nicht unter Art. 13 Abs. 1, weil dieser nur gilt, falls einer der Verlobten ein Deutscher ist. Hier liegt also eine Ehe zwischen Ausländern im Auslande vor, die sich später im Inland niederlassen. Darüber, wann eine solche Ehe materiellrechtlich gültig ist, gibt Art. 13 keine ausdrückliche Bestimmung. Man muß hier auf die Entstehung der Vorschrift zurückgehen. Die II. Kommission des Bürgerlichen Gesetzbuches hatte hierüber die Bestimmung gegeben, daß die Ehe hinsichtlich eines jeden Verlobten nach den Gesetzen des Staates zu beurteilen ist, dem der Verlobte angehört (vgl. Staudinger, Bem. I zu Art. 13). Hiernach ist eine Ehe nur gültig, wenn sie sowohl den Gesetzen des Staates, dem der Mann angehört, als den Gesetzen des Staates, dem die Frau angehört, entspricht. Verweisen die Gesetze der beiden Heimatstaaten (Türkei, Frankreich, England) oder eines derselben auf die Gesetze des Wohnsitzes oder Ortes der Eheschließung, so werden die Gesetze der betreffenden Staaten insoweit für maßgebend zu erachten sein, als das nationale Recht es gebietet oder zuläßt (vgl. Staudinger, Bem. II B, Schlußabsatz zu Art. 13). Die vorliegende Ehe müßte hiernach sowohl den türkischen als auch den englischen und französischen Gesetzen entsprechen. Den türkischen entspricht sie, wenigstens kann man das voraussetzen, weil dort Vielweiberei zulässig ist, dagegen den englischen und französischen Gesetzen nicht. Daher ist nach Art. 27 — dieser führt wohl Staudinger zum obigen Resultat — zu ermitteln, ob diese Gesetze vielleicht auf die deutschen Gesetze über die Eheschließung verweisen.

4. Wäre ausländisches Recht anzuwenden und die Ehe danach gültig, so brauchte die Ehe noch nicht als gültig angesehen zu werden. Denn dann ist noch Art. 30 zu beachten. Es kommt auf den einzelnen Fall an, ob z. B. die Ehelichkeit eines Kindes aus der Ehe im Prozeßwege geltend gemacht wird oder einer der Ehegatten gegen den andern auf Unterhalt klagt, kurz, wenn der Fall praktisch wird. Die Aufgabe deutet nun nicht an, inwiefern der vorliegende Fall praktisch wird, weil sie nur instruktiv sein soll. Man wird vielleicht nach den Ausführungen unter 2 am Schluß die Ehe in gewisser Hinsicht für gültig, in gewisser für ungültig ansehen können. Um ein endgültiges Resultat zu finden, scheint mir freilich erforderlich, daß man den Tatbestand ergänzt. Nach Art. 30 ist die Anwendung eines ausländischen Gesetzes ausgeschlossen, wenn die Anwendung gegen die guten Sitten oder den Zweck eines deutschen Gesetzes verstößt. Die Vielweiberei kann man dahin rechnen. Hiernach könnte die vorliegende Ehe als ungültig angesehen werden, selbst wenn die türkischen Gesetze eine Rückverweisung nach Art. 27 enthalten (vgl. Punkt 3). Doch tritt diese Ausschließung, wie Staudinger hervorhebt, nicht immer ein, sondern nur, wenn die Anwendung des fremden Rechts im konkreten Falle einen solchen Verstoß begründen würde (vgl. Staudinger, Bem. III B 3 zu Art. 30 am Anfang und vorletzten Absatz, wo von den Kindern einer Türkin die Rede ist). Deshalb also würde ich Wert darauf legen, den konkreten Fall hier genauer zu kennen.

5. Sehr wichtig sind im vorliegenden Falle die internationalen Verträge, insbesondere hat man, um den Fall erschöpfend zu behandeln, das Haager Übereinkommen in Betracht zu ziehen.

6. Was die formellen Erfordernisse der Eheschließung betrifft, so habe ich, wie eingangs erwähnt, angenommen, daß deren Vorliegen nicht in Frage steht. In dieser Hinsicht gilt Art. 11 Abs. 1 (vgl. Staudinger, Bem. F 3b zu Art. 13).

Fall 585.

Nach Art. 13 wird die Eingehung einer Ehe, sofern nur einer der Verlobten ein Deutscher ist, in Ansehung eines jeden der Verlobten nach den Gesetzen des Staates beurteilt, dem er angehört. Das gleiche gilt für Ausländer, die im Inland eine Ehe eingehen. Somit ist die Einwilligung der Eltern nicht erforderlich.

Im vorliegenden Falle ist nicht gesagt, ob sich der 20jährige Ausländer mit einer Deutschen oder mit einer Ausländerin verheiratet. Dies ist auch unerheblich. Denn in beiden Fällen ist nach Art. 13 die Einwilligung der Eltern nicht erforderlich. Vorausgesetzt wird natürlich, daß bei der Frau die Erfordernisse der Eheschließung vorhanden sind.

Fall 586.

Nach Art. 21 wird die Unterhaltspflicht des Vaters gegenüber dem unehelichen Kinde und seine Verpflichtung, der Mutter die Kosten der Schwangerschaft zu ersetzen, nach den Gesetzen des Staates beurteilt, dem die Mutter zur Zeit der Geburt des Kindes angehört. Hiernach kommt französisches Recht zur Anwendung. Danach gibt es bekanntlich noch keine Alimente. Die außereheliche Mutter geht leer aus.

Fall 587.

Art. 25 bestimmt, daß ein Ausländer, der zur Zeit seines Todes seinen Wohnsitz im Inland hatte, nach den Gesetzen des Staates beerbt wird, dem er zur Zeit seines Todes angehört. Danach würde der Ausländer X. nach ausländischem Recht beerbt werden. Indessen gibt Art. 27 die Ausnahmebestimmung, daß die deutschen Gesetze Anwendung finden, falls nach dem Rechte eines fremden Staates dessen Gesetze nach den Artikeln 7 Abs. 1, 13 Abs. 1, 15 Abs. 2, 17 Abs. 1 und 25 für maßgebend erklärt sind (sog. Rückverweisung). Da dies hier der Fall ist, so wird X., trotzdem er Ausländer ist, nach deutschem Rechte beerbt.

Der Fall des Art. 27 liegt z. B. vor bei den in Deutschland wohnenden und daselbst versterbenden Engländern, Nordamerikanern, Argentiniern, Dänen, weil deren nationales Recht das sog. Domizilprinzip hat (vgl. Staudinger, Bem. II B zu Art. 27).

FSC
www.fsc.org
MIX
Papier | Fördert gute Waldnutzung
FSC® C083411

Kolibri 360 GmbH
Ferdinand-Jühlke-Straße 7
99095 Erfurt, Deutschland
produktsicherheit@kolibri360.de